电商会计
真账实操
·从入门到精通·

甘德东 ●

著

中国铁道出版社有限公司
CHINA RAILWAY PUBLISHING HOUSE CO., LTD.

图书在版编目（CIP）数据

电商会计真账实操从入门到精通 / 甘德东著 . —北京：
中国铁道出版社有限公司，2021.1（2025.5 重印）
ISBN 978-7-113-27252-4

Ⅰ . ①电··· Ⅱ . ①甘··· Ⅲ . ①电子商务－商业会计
Ⅳ . ① F715.51

中国版本图书馆 CIP 数据核字 (2020) 第 171327 号

书　　名：**电商会计真账实操从入门到精通**
　　　　　DIANSHANG KUAIJI ZHENZHANG SHICAO CONG RUMEN DAO JINGTONG
作　　者：甘德东

责任编辑：王　佩　张文静　　编辑部电话：(010) 51873022　　邮箱：505733396@qq.com
封面制作：宿　萌
责任校对：王　杰
责任印制：赵星辰

出版发行：中国铁道出版社有限公司（100054，北京市西城区右安门西街 8 号）
网　　址：https://www.tdpress.com
印　　刷：三河市兴达印务有限公司
版　　次：2021 年 1 月第 1 版　2025 年 5 月第 9 次印刷
开　　本：710 mm×1 000 mm 1/16　印张：14　字数：156 千
书　　号：ISBN 978-7-113-27252-4
定　　价：59.80 元

说起电子商贸（以下简称电商），很多接触过网购的朋友们一定不会陌生；说到会计，基本上大家也都听过不少。但两者相加，电商会计，这个真的有点陌生，估计了解的人更少。

我认为，电商有其自身的经营模式，而会计又是一门针对性极强的技术。但两者的叠加，对于刚刚入行的新人来说容易形成双重的困扰，即使是注册会计师也不能例外。如何从半路出家变成驾轻就熟，如何从手足无措变成从容不迫，并且成为一名"行业高手"，这是很多人所需要的。

电商行业的会计不仅要懂会计，还要懂业务，更要比业务员懂业务，这样才能将企业的路越走越宽、越走越顺。在写作过程中，我根据实际工作进行经验总结，并创新性地将电商行业与会计融合，以供同行分享、交流。

这不是教科书，更不是理论文选，所以我尽量采用轻松幽默、浅显直白的语言书写，读者不用担心晦涩难懂，也不用害怕实战操作较多会"消化不良"，建议"啃书"时放松心情，慢慢品味。

写作特色

（1）内容注重实战，全面介绍了电商会计所面临的各类问题。本书除了介绍电商会计的财务核算、征管问题、跨境申报、出口退税等必备的财务知识之外，还涉及英国 VAT、美国亚马逊 FBA，以及我国香港账务等一些热门知识。这些知

（2）行文轻松幽默，以实际工作案例为引导。我从事财务工作多年，算是这一行的"老司机"，有自己的见解。在书中，我将通过实际工作中的案例，以一个老朋友话家常的形式，与读者分享解决电商会计工作问题的经验。知识不是用来死记硬背，自己能理解和掌握才是最重要的。

（3）独有的"题外话"栏目，激发读者的兴趣和思考。

读者对象

本书适合会计行业从业者、电商企业经营者、电商平台经营者阅读，还可作为电商培训班的辅导教材使用。

因本人水平和时间有限，书中难免存有疏漏，但尽可能地保证干货满满，绝不掺水售假。如对本书内容有疑问，欢迎添加我的公众号"冻苹果没有虫"探讨，期待与您的共同进步。

甘德东

2020 年 5 月

第1章

电商会计的与众不同

电商行业的发展日新月异，现在电商行业说得较多的是区块链、新零售、共享经济等，不过，无论新旧，其实就是电子商务在互联网上进行商业活动。毕竟不是十年前了，现在想找一个不用手机的年轻人，基本上是非常难的事了，因为很多商业活动都已经离不开互联网。

1.1 电商行业的特点

我国是全世界电子商务最活跃的新兴市场。2015 年，我国互联网用户已经达到 6.8 亿，在 2016 年，电子商务市场销售价值已经达到 1 万亿美元，成为全球第一。2018 年，我国颁布了《中华人民共和国电子商务法》（以下简称《电子商务法》），正式对电商行业进行了立法。

互联网改变了我们，改变了企业，连带也改变了会计行业。

会计这个行业，每个时代都各具不同价值。从大航海时代开始，一个好的会计必然会成为每个商行抢手的人才，但到现在，可能有人担心，会计这个行业会随着互联网的发展，被人工智能所取代。其实，大可不用担心，会计这个职业最大的价值，在于人对公司利益层面的负责任判断。记住，重点是负责任。人工智能是不会负责任的。想一想，一家公司的会计要向多少人负责，股东、银行税务、工商海关、供应生产、销售客户，有时连工人收不到工资都要找你。

轻易说出人工智能会代替会计的，那是外行人。但为什么会有越来越多的人相信人工智能会取代会计呢？我估计与电商行业的发展有关。

电商会计与传统会计有哪些不同呢？

一是有财务后台，二是可以实时报账，三是能快捷生成收支数据。

1.1.1 财务后台

一般传统企业，其销售合同、提货单、盘点表、领料单等大都是由生产部、销售部、仓储部提供的，但电商行业，这些都是直接从电子商城、移动App、微信平台直接取得，从订单、商品、库存、采购、发货、物流、结算，一直到售后，全程数据可以自动导出。当然，这个操作需要电商会计从财务后台导出。

电商行业的财务后台有很多种，淘宝、微信、京东都有他们的财务后台，后台记录每笔订单的具体数据，财务会产生和交易流水号对应的订单号作为统一凭证。以淘宝为例，淘宝官方已经提供财务工具，帮助商家实现统计店铺收入、店铺支出、费用明细等基本功能。如图 1.1 所示。

图 1.1　淘宝财务后台

当然，如果你觉得不好用的话，可以自己换一个，淘宝上面有很多财务工具选用。一般来说，如果是个人或者小微企业，不需要对账、不需要资金管理、不需作利润分析，淘宝的账房工具就可以满足你。但如果你是企业，有一定销售收入的话，可以在淘宝官方的开放平台自己选择第三方软件，可以满足一般的核算需要，如图 1.2 所示。

图 1.2　商家后台系统

如果你的企业有 ERP 系统的话，可以让 ERP 的服务公司为你开放电商接口，做一个适合自己的系统。国内的 ERP 系统，都可以无缝链接各大电商平台，多平台订单同时管控。也就是说可以通过企业的 ERP 软件，及时抓取各大电商平台的销售数据。例如公司从事服装销售，同时在天猫、京东、唯品会平台上都有"店"的话，可以统一在 ERP 查询到实时销售信息、物流信息和库存信息。

除此之外，也有针对跨境电商的 ERP 系统，虽然目前它的功能还不算强大，但针对性还是很强的。

站在会计的立场上，我建议使用 ERP 系统，因为如果用人工计算，是非常花费时间的，如果公司销售的商品种类超过 500 件，靠人工操作，将是非常大的工作量！

1.1.2 实时报账

传统企业报销的销售费用，用的是纸质的支出审批单，按职能层层签批，先进点的也有企业用 OA（办公自动化）进行审批，或者用 ERP 进行审批，然后财务入账。从管理者的角度来看，层层审批是有效的内部控制手段，但时效性就差了一点。有时候，想要知道今天的销售情况，往往需要几天的时间才能知道。

不过，有一些追求高效的电商，希望可以通过手机随时随地地查询企业支出明细以及监控资金状况，他们会在手机上订制自己企业专属的 App，将电商平台的信息和数据保存在私有云（企业的云服务器），为企业全员随时随地、有条不紊地提供远程报销、采购、托运等业务，特别是贸易型的电商，需要在多工厂、多地点之间相互运作的。

这时候，电商会计就不用等单据录入完毕，就可以自己去查找当日的收支情况了，这样便压缩了财务单据传递的时间，尤其是供应商都能开具电子发票的话，这个时间就更短了。

实时记账是个比较重要的功能，特别是销售员去"试款"的时候，如果每天能监测到产品的销售数据和存货数量，就能比别人更快一步抢到先机。

1.1.3 快捷生成收支数据

传统企业的会计，在月末的时候会打印银行当月的流水，按收到的发票分配所属的费用。如贷款利息发票计入财务费用、车间电费发票计入制造费用、托运发票计入销售费用等。而在电商企业，由于大多数的费用缴纳均通过第三方支付平台（支付宝、微信），电商会计可以通过查询第三方支付平台的支付信息，汇总所有的收支数据，流程如下：

第三方平台内导出收支流水 → 自动分配当月所属收支 → 记账。

对比传统做法，这是最省时的。

如果是大型的电商企业，有自己的信息工程部的话，一般会自己开发App，接入第三方支付平台的开放式接口（open.alipay.com）（pay.weixin.qq.com），按自己的行业特点订制私人支付管理系统。就算不是自己开发的App，购买某些 ERP 软件，也可以实现自动导入第三方平台的交易数据。这点比传统核算方法更快更准确。

综上所述，我们可以看出，电商的财务数据是与网络交易紧密结合在一起的，所以如果将这些导入导出的工作交由人工智能去完成，理论上是可以的，毕竟这是重复性的工作。不过，想用人工智能代替会计，这条路还很远。抛开会计的职能，站在一家公司的立场上看，其实，电商公司和贸易公司一样，最能给公司带来经济效益的是销售和采购两个部门，想在电商这个竞争激烈的行业中赚到钱，一定要抓好销售和采购。但想销售和采购得力，就要有一个好的"后腰"，这个就是电商财务，如果将销售比作人的手，采购比作人的脚，那么财务就是"腰"，想要"手脚"有力，"腰"就要好。如果"腰"不好，经常会发生采购没有钱，销售没有货，物流没有包装袋的情况。这些复杂情况，很多企业的财务都遇到过。当然，有的财务靠经验，有的靠制度，有的靠"吼"。

如果人工智能可以判断这些情况，是不是可以代替财务呢？这个是肯定的。不过我认为目前技术上还很难实现。

1.2　电商会计的职责

当你打开招聘网站，从会计岗位职责中能看到很多要求，如编制报表、报关报税、进销存核算、年结月结、往来对账等。职业虽然无分贵贱之分，但初入了会计这一行，你就要做好钱少事多责任大的心理准备。

不过，考虑事情不要太过极端，如果你对互联网、电子商务有兴趣，同时又想在财务领域一展所长的话，成为一名电商会计也是一个不错的选择。

一个合格的电商会计，一定要懂电商业务。虽然很多人喜欢网购，但网购里的"门道"极多，很难看到内幕。如果靠几本财务书，就可以"一招鲜，吃遍天"，这个是不行的，毕竟平台规则、税制、准则等时时更新。这是一个不断学习、不断实践的过程，我见到很多财务人员都是在不断地学习，除了学习本专业知识外，还要学习这个行业的业务知识，业务部门如果不懂财务好像无可厚非，但财务不懂业务就寸步难行。

我遇见过一个农业会计，他负责的是养猪场的财务核算，经常向养殖户请教养殖问题，如驱虫要下多少药，饲料如何使用等，因为除了做账需要用到这些数据之外，还需要在脑中形成一个概念，培养对数字的敏感性。后来他不当会计了，改行养猪。2019 年遇上了非洲猪瘟，猪肉的销售量大幅提高，所以赚了不少。

电商会计也一样，你要懂财务，更要比业务员更懂业务，长此以往，将来的路才会越走越顺，越走越宽。

第 2 章

电商会计的基本知识

我会在本章简单介绍会计学的入门知识，如果是有一定会计基础的人，可以跳过此章，从第 3 章看起。对于没有会计基础或者刚入行不久的人，需要认真看一看。

2.1　会计要素

电商行业的会计要素与传统行业的会计要素是一样的。无论是电商行业还是其他行业，都要遵守《中华人民共和国会计法》。2017 年 11 月 4 日第十二届全国人民代表大会常务委员会第三十次会议中对该法进行了第二次修正。该法第二十五条规定：公司、企业必须根据实际发生的经济业务事项，按照国家统一的会计制度的规定确认、计量和记录资产、负债、所有者权益、收入、费用、成本和利润。

"资产、负债、所有者权益、收入、费用（成本）和利润"是会计六大要素，教科书上已经写得比较清楚："会计要素是根据交易或事项的经济特征所确定的财务会计对象的基本分类，是对会计对象基本内容（资金运动）进行分解归类，并用会计的术语加以描述的具体内容。"其实只要记住：会计是一门语言，它用来描述两个公式：资产 – 负债 = 所有者权益；收入 – 成本 = 利润。

2.1.1　资产

资产是指企业过去的交易或者事项形成的，由企业拥有或者控制的，预期会给企业带来经济利益的资源。

就算你没有学过会计，想搞清楚资产这个概念也不是什么难事，难就难在，如何划分资产。

现代会计将资产划分为流动资产和非流动资产，简单理解，就是能快速变现和慢慢变现的资源。例如：现金、银行存款、支付宝、国债等都是可以快速变现的；而长期投资、生产设备、房产、无形资产等，只能慢慢变现；存货、应收账款和基金之类的，基本就处于二者之间。

如果是公司型的电商，店铺的账号和信誉也是非常重要的资产，会计学上叫作无形资产。如一家没有扣分的天猫店账号，转让出去至少能卖两万元。

2.1.2　负债

负债是指因为过去的交易或事项形成的，使得企业未来必须要损失经济利益的、预期会导致经济利益流出的义务。

负债，是向谁借钱了？很多人都认为负债是不好的，最好是没有负债，这个观念其实是不全面的。负债是要讲效益的，也就是说借钱的目的是赚钱。所以很多企业，见到了商机，在资金不够的情况下，都会选择借钱，即使有部分的盈利是要偿还利息的，也不能放过赚钱的机会。

与 30 年前不同，基本上只有赚钱的企业，才可能获得贷款。为了生产经营去承担债务将来是有效益的。

很多电商企业都很难以企业的名义向银行借钱，即使能借到，金额也不多。但是，他们可以用个人的名义向小额贷款公司借钱。

2.1.3　所有者权益

所有者权益是指企业资产扣除负债后，由所有者享有的剩余权益。公司的所有者权益又称为股东权益。

所有者权益是企业的偿债能力。资产 – 负债 = 所有者权益，所有者权益包括了企业的资本、拥有的利润、专项储备等。

重点说一下所有者权益，因为大部分没有财务基础的人都看不懂"所有者权益"。

举一个容易理解的例子：我有一家网店，注册资本是 2 万元，经营了一年，赚了 5 万元，经营过程中我向别人借了 10 万元进货，我的资产是多少？所有者权益是多少呢？答案是我的资产有 17 万元（2 万 +5 万 +10 万元），我的所有者权益是 7 万元（17 万 −10 万 =7 万）。

我们经常说的炒股票，可以说就是炒"所有者权益"。股票价格不只跟公司经营状况相关，但这里为了简单解释概念，所以忽略了很多影响因素。上市公司中的股票价格包含了股本和未分配利润，其实就是所有者权益。如果你看好这家公司，但你的依据是利好消息或利好交易行为，而不去了解它的所有者权益，基本上，你只能当"韭菜"让人割了。

2.1.4　收入

收入是指企业在日常活动中形成的，会导致所有者权益增加的，与所有者投入资本无关的经济利益的总流入。

收入，是收了多少钱。收入是非常好理解的，但从财务角度来看，真正的难点是划分收入的时间。

例如，一家公司在 4 月份签了一份 10 万元的合同，在 5 月份顺利收到 10 万元，这个 10 万元是属于 4 月份的收入还是 5 月份的收入？从财务角度去理解，将收入划分到 4 月，依据是债权发生制，因为权益实现的时间是 4 月，所以收入也是 4 月。如果将收入划分到 5 月份，依据是收付实现制，因为真正收到钱是 5 月份。

大多数的人，都认为收到钱才是真的收入，这个是无可厚非的，但在我国，所有企业只能用债权发生制，即签订合同的时候就要确认收入。所以千万不要以为一家上市公司的收入很高，就认为它非常赚钱，因为很可能这家上市公司刚与别人签了一份大合同。

2.1.5 费用（成本）

费用（成本）是指企业在日常活动中形成的，会导致所有者权益减少的，与向所有者分配利润无关的经济利益的总流出。

费用，是花了多少钱。费用（成本）是对相对收入而言的，这里的成本，包括主营业务成本、税金、管理费用、销售费用、财务费用等。会计做账时，这个月有多少收入，对应这个月的收入就要分配多少成本。经验丰富的会计，甚至能预计公司下个月的收入，并预计公司下个月的成本，从而为公司计算出下个月的资金缺口，告诉公司负责人是否需要融资借钱。

2.1.6 利润

利润是指企业在一定会计期间的经营成果。包括收入减去费用后的余额、直接记录当期利润的利得和损失。

利润，是赚了多少钱。

接上例：我的网店，办了营业执照后，开始进货。销售收入为 3 万元，当月赚了 1 万元。这 3 万元就是"收入"，2 万元就是"成本"，1 万元就是"利润"。

2.2 电商会计的凭证和账簿

如果你从来没做过电商会计，但又想当电商会计，怎么办？现实中，很多时候夫妻店，一人负责运营，一人负责会计。下面谈谈，做会计要掌握的概念。

说这个之前，我想说一下复式记账。估计很多人都想不到，维基百科的由来，绝对不是为了登记货物价值、推动商业建设，而是为了方便放贷。最早使用复式记账，将其形成体系的就是鼎鼎大名的意大利美第奇家族，如果读者看过《美第奇家族：翡冷翠名门》的话，就更容易理解了。

放贷是一门技术活，普通人放贷的话，都习惯了一笔一笔地记下，这个方式俗语叫流水账，学名叫作单式记账。如下：

1 月 1 日，我借给张三 3 元；

1 月 2 日，我借给李四 5 元；

1 月 3 日，我借给王五 10 元；

……

那么复式记账法呢？

登记如下：

1 月 1 日，我借给张三 3 元，我用现金给他的；

1 月 2 日，我借给李四 5 元，是隔壁老王代我付的；

1 月 3 日，我借给老王 10 元，其中微信支付 9.8 元，0.2 元是利息。

以上是复式记账法。

乍看上去，是不是很简单呢？不是的，登记才麻烦。如果一天只发生几笔支出，当然没问题，你写成命题作文也可以。如果是一天发生几百笔业务呢？

现代的复式登记方法如下所示。

1 月 1 日

借：应收账款（张三）　　　　　　　　　　　　　　　　3

　　贷：现金　　　　　　　　　　　　　　　　　　　　　　　3

1 月 2 日

借：应收账款（李四）　　　　　　　　　　　　　　　　5

　　贷：应付账款（老王）　　　　　　　　　　　　　　　　　5

1 月 3 日

借：应收账款（老王）　　　　　　　　　　　　　　　　10

　　贷：银行存款　　　　　　　　　　　　　　　　　　9.8

　　　　财务费用（利息收入）　　　　　　　　　　　　0.2

很多人认为，登记一行字就行了。其实不然，你这样想是因为你不需要对数。如果你是借上借呢？即你向人借钱，然后再借钱给人呢？你要向债主说明你借钱给谁了，什么时候有钱还。这个时候，复式记账就能说明一切。

同上例，我借给李四的 5 元钱是老王帮我付的，但老王又向我借了 10 元，这个时候，如果李四还钱给我了，我是不是要将老王向我借的 10 元钱冲减一下，变成 5 元钱呢？即老王只需要还我 5 元就行了。

如果我只用单式登记，而且我记忆力差一点的话，恐怕就要与老王打起来了，因为我写了 10 元，老王只认 5 元。

2.2.1　复式记账中的"借方"与"贷方"

为什么登记的时候要写"借方"和"贷方"呢？其实，这是从日语翻译过来的，而日语又从英语翻译而来。"借方"的英文是"debits"，其词源的意思是指债务。"贷方"的英文是"credits"，其词源的意思是指债权。

还可以从银行的借记卡和贷记卡的角度来理解。借记卡（储蓄卡），银行是债务人；贷记卡（信用卡），银行是债权人。你拿信用卡消费，是不是你欠银行钱？银行是不是债权人？你将钱存入借记卡，是不是你将钱借给银行，银行是不是你的债务人？

按照会计恒等式：

资产 – 负债 = 所有者权益。

我们可以得出：借记卡 – 贷记卡 = 银行权益。

美第奇银行的记账方法，就是采用当时非常先进的复式记账方法，账簿中分别核算借方（Dr）和贷方（Cr）借方总额减去贷方总额就等于银行现有的权益总额。

会计恒等式"资产 - 负债 = 所有者权益"是现代会计学的基石,其重要性不亚于地心引力学说。现在所有公司的资产负债表和利润表就是按这个等式编制的。

所以,做会计的第一件事,就是记住会计主要要素与借方贷方的对应关系,见表 2.1。

表 2.1　会计主要要素与借方贷方对应关系

账户类型	借方	贷方
资产	增加	减少
负债	减少	增加
所有者权益	减少	增加

什么叫作会计分录呢?

就是记录钱从哪里来,又用到哪里去的会计记录。

基本上,"贷"表示钱从哪里来,"借"表示钱到哪里去。

比如:

借:银行存款

　　贷:应收账款

这个简单的会计分录就是钱从应收账款中来,到了银行账户。

题外话:

提到文艺复兴,有人会想到达·芬奇、米开朗琪罗、伽利略之类的名人,但很少人听到过,他们的"金主"——美第奇家族。美第奇家族是如何发家的呢?美第奇的第一代家主叫作乔瓦尼,在他很小的时候,父亲就死了,自小跟随他的叔叔学做放贷生意。他是个勤奋的人,很快就在这一行树立了不错的名声。

在 14 世纪的时候,意大利的土匪很多,做放贷生意是一件非常艰难的事。放贷的人要带现金出远门的话,一个不小心,钱就会被人抢了。钱被人抢了,放贷生意就血本无归呀。乔瓦尼为此很是伤脑筋！后来，他干脆叫手下的人不带银钱在身上，叫他们带一张当地的借据去放贷。到目的地后，先是找人还钱，然后再放贷给别人。后来，业务发展起来，手下的人要带的借据也大量增加，要兑的数也越来越多了。他觉得长此下去不是办法，后来有人推荐他用复式记账法。没错，采用复式记账的话，就算业务多，也容易对账。一笔一笔的，手下的人将债务人和债权人都登记好，带着借据出门就可以了，回来后拿出复式账簿核对一下，钱都不用带了。

在乔瓦尼37岁的时候，开了一家商业银行，即美第奇银行。不要小看这家银行，这家银行有一个非常赚钱的业务，叫作银行汇兑业务。即你在意大利总行存了钱，我签一张支票给你，这张支票要到我的威尼斯支行，再签一个名，你就可以取钱出来了。无论是经商还是消费，根本就不用带钱在身上，只需要一张支票就行了。

另外，银行汇兑业务还有一个更安全的保险——需要本人当面签名，签名核对无误才放款。毕竟世道艰难，万一支票在外面被人抢了或者偷了，但没有当事人的签名，钱还在。

支票，其实就是借据的变种，性质是一样的，只不过是债务人的另一家分行罢了。

当时很多商人都需要银行汇兑业务，毕竟不用带钱出门，安全、方便。于是人们纷纷把钱存入美第奇银行。其他银行见此，也纷纷推出这个业务，但大多数银行都竞争不过美第奇银行，为什么？因为这些银行都是用单式记账，让人拿钱，核对数目都要半天时间，而且还容易出错。但乔瓦尼的美第奇银行不一样，采用的是复式记账，拿出复式账簿，核对数目的时间短，而且还不易出错。

乔瓦尼快50岁的时候，他创办的银行已经是意大利首屈一指的银行了，而银行内最贵重的物品既不是米开朗琪罗的雕塑，也不是达·芬奇的名画，而是一本又一本的复式账簿。

2.2.2　收入与成本的核算方法

这个比较简单，收入就是收钱，成本就是花钱。前文已经说过了，根据确认收入的时点，可以分为收付实现制和权责发生制。不过有些国家规定，200 万美元以下，可以用收付实现制。而有些国家，无论你的企业经营收入是多少，只要签订合同，就是收入，就要使用权责发生制。

那么，我国为什么规定企业使用权责发生制呢？这个原因有很多种。从征税的角度来看，权责发生制使征税更方便。如果用收付实现制，按收入来征税的话，就要核对银行流水，工作量非常大。如果用权责发生制，就不用核对银行流水，只需要查看企业开了多少发票就可以了。

在电商会计中，如果没有电子发票的话，真的不容易确定某个月的收入。因为第三方收付平台的存在，会有到账延时期。

相对来说，一旦确定收入的话，就要马上确认成本了。使用复式记账，有借必有贷，有收入，则一定有成本。

所以现在很多的电商会计，他们确认收入一般都有两种方法：一种是当月开具了多少发票，就确认多少收入；一种是支付宝或微信在当月提现多少钱，就确认多少收入。第一种是权责发生制，第二种是收付实现制。

我个人建议，当年收入在 80 万元以下的，用收付实现制，年收入在 80 万元以上的，用权责发生制。因为年收入在 80 万元以下的，基本上是小规模纳税人。

2.2.3　什么是增值税发票

假设，你用 100 元买进了一只手表，转手卖出去时为 180 元，增值额是

180-100=80（元）。税务局就要对这增值的 80 元征税，这叫增值税。

$$增值税 =（销售价格 - 购入价格）\times 税率$$

上面的公式，可以转化为

$$增值税 = 销售价格 \times 税率 - 购入价格 \times 税率$$

而"购入价格×税率"是如何来的呢？由供货单位开具的。

严格来说，供货单位可以开具的增值税发票有两种：一种是专用发票，一种是普通发票。从获利角度来看，最值钱的是专用发票。为什么？因为它可以进行抵扣（减少增值税）。

增值税专用发票，有"专用"两字，票样如图 2.1 所示。

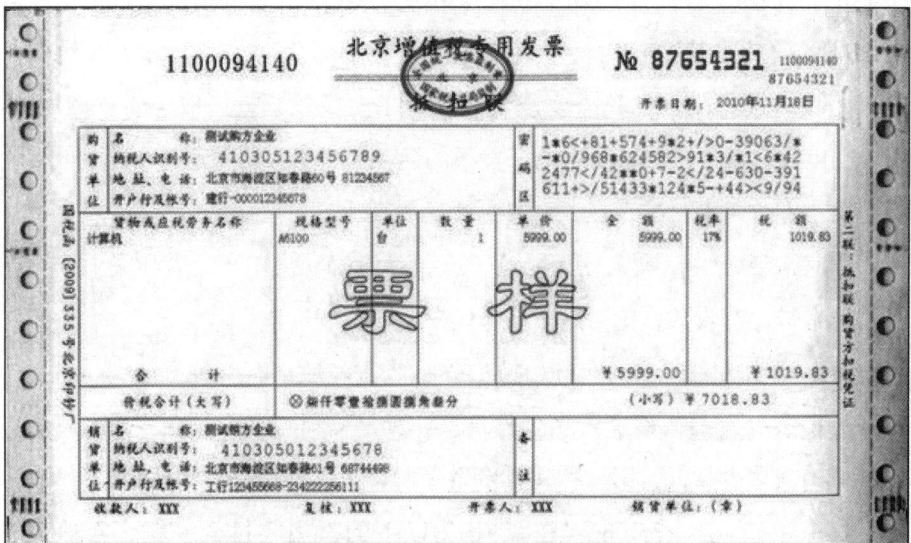

图 2.1　增值税专用发票票样

增值税专用发票并不是任何企业都能开具的，只有一般纳税人的企业才能开具。而成为一般纳税人，是要申请的，很多一般纳税人的年收入都超过 500 万元。另外，增值税专用发票的开具是非常严格的，简单来说，有五不开。

第一不开：不开给个人。

第二不开：不开给小规模纳税人。

第三不开：简易征收项目不能开。

第四不开：免税产品不能开。

第五不开：二手设备不能开。

有人会问，既然开增值税专用发票这么麻烦，为什么不统一开具增值税普通发票呢？增值税普通发票如图 2.2 所示。

答案有很多，我认为这与征税成本有关。站在税务局的立场，如果增值税普通发票可以进行抵扣，那么需要花费的征税成本会大于纳税成本。如果增值税普通发票要进行抵扣，税务局需要更多的人手进行维护工作，毕竟这是一个间接税。

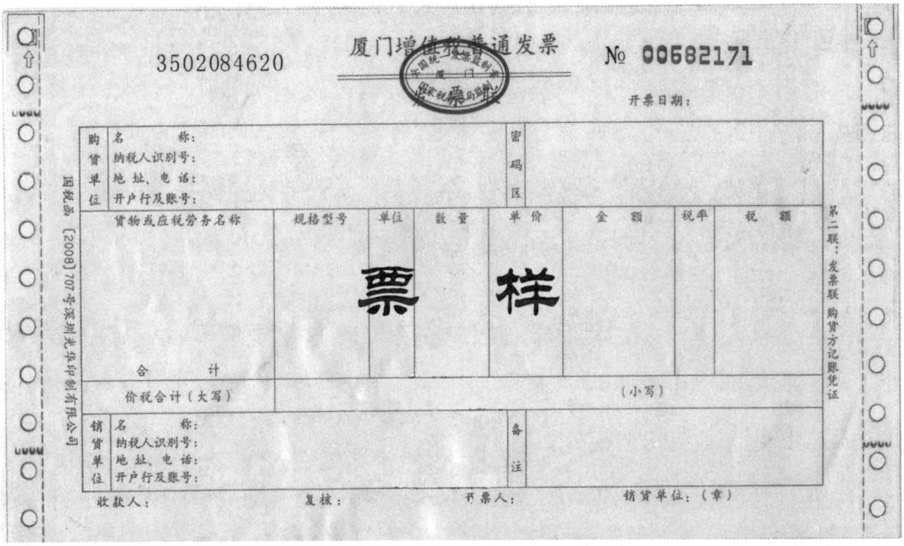
3502084620
厦门增值税普通发票
№ 00682171
开票日期：
购货单位　名　称：
纳税人识别号：
地址、电话：
开户行及账号：
密码区
货物或应税劳务名称　规格型号　单位　数量　单价　金额　税率　税额
票样
合　计
价税合计（大写）　（小写）
销货单位　名　称：
纳税人识别号：
地址、电话：
开户行及账号：
备注
收款人：　复核：　开票人：　销货单位：（章）
国税函〔2008〕707号深圳光华印制有限公司
第二联：发票联　购货方记账凭证

图 2.2　增值税普通发票票样

另外，现在的电子发票只能开具增值税普通发票，是不允许抵扣增值税税额的，只能抵扣所得税。

特别注意的是，自 2017 年 7 月 1 日起，为企业开具增值税普通发票时，应向企业客户索取纳税人识别号或统一社会信用代码；在“购买方纳税人识别号"栏填写企业客户的纳税人识别号或统一社会信用代码。如果不填写就是不符合规定的发票，不能作为税收凭证。这是新的规定，所以当为企业开具普通发票时，一定要问清楚对方的统一社会信用代码，否则，不作数。

当前一个是基本税率，就是增值税专用发票开具的税率；一个是简易税率，一般是增值税普通发票开具的税率。以生活服务为例，如果是为个人进行服务的话，可选择 3% 的增值税征收率。计算方式如图 2.3 所示。

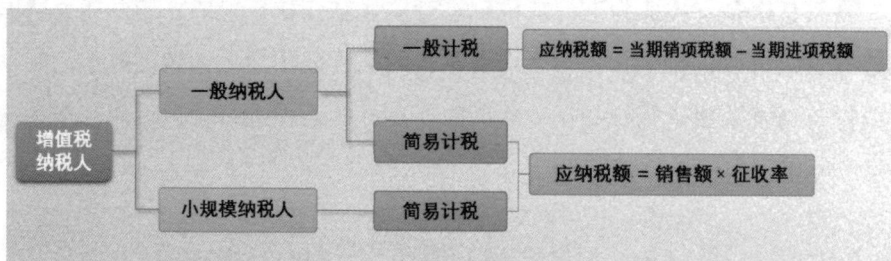

图 2.3　增值税计税方式

2.2.4　做小规模纳税人好还是做一般纳税人好

经常会有人问，办企业后做一般纳税人好还是小规模纳税人好？小规模纳税人是不是可以少交点税？其实不是的。什么是小规模纳税人？简单点来说，就是小企业之类的纳税人。

在 2018 年 4 月，国家税务总局发布了《关于统一小规模纳税人标准等若干增值税问题的公告》（国家税务总局公告〔2018〕第 18 号）。公告明确写明，小规模纳税人的标准是应税销售额 500 万元以下；反之，高于 500 万元以上的，为一般纳税人。

每个企业在成立的时候，税务局都会默认为你是小规模纳税人。当然，如果企业需要开具增值税专用发票的话，可以在开业时申请一般纳税人。在2018 年 4 月之前，如果认定为一般纳税人，是不可能转为小规模纳税人的。

不过目前规定已有调整：按照《中华人民共和国增值税暂行条例实施细则》第二十八条规定已登记为增值税一般纳税人的单位和个人，在 2018 年 12 月 31 日前，可转登记为小规模纳税人，其未抵扣的进项税额作转出处理。

过去，小规模纳税人是不能自行开具增值税专用发票的，这是过去区分一般纳税人与小规模纳税人的重要标志，但现在有变化了，有五类小规模纳税人可以自行开具增值税专用发票，如图 2.4 所示。

图 2.4　五类小规模纳税人

以上这五类小规模纳税人都可以自行开具专用发票，当然，前提是月销售额大于 3 万元（原因见第 3 章第 1 节）。

这个变化对电商行业的影响是比较大的。过去，很多经营软件服务和信息技术的电商，只能开具增值税普通发票，但现在可以开具专用发票，就不用先预缴税款后再去税务局申请代开发票，节省了很多时间。

有人问，做小规模纳税人好还是做一般纳税人好？我觉得，主要看你的供应商。

假设，我有一家企业，年销售额为 500 万元（临界点），毛利 50 万元。增值税税率为 13%。

如果是小规模纳税人的话，我要缴纳 15 万元增值税（500 万元 ×3%= 15 万元）。

如果是一般纳税人的话，我要交 6.5 万元增值税（50 万元 ×13%=6.5 万元）。

乍一看，好像一般纳税人的增值税交得少一点，但不要忘记了，交少一点的前提是能在供应商处能尽数取得增值税专用发票。前文已经说过，增值税 =（销售价格 − 购入价格）× 税率，如果供应商没有增值税专用发票呢？那么你的企业的购入价格会变成零。按上例，你要交 65 万元的增值税（500 万元 ×13%=65 万元），增加了 10 倍。

当然，实际工作中，税务局也考虑到有一些经营行为是很难取得增值税进项发票的，所以也出台了一些规定，对某些项目，一般纳税人可以采用简易计税方法计算增值税，即按 3% 计算应纳税额。

这些项目是：

• 建筑安装服务

• 提供公共交通运输服务

• 提供电影放映服务、仓储服务、装卸搬运服务、收派服务和文化体育服务

• 经认定的动漫企业为开发动漫产品提供的服务以及在境内转让动漫版权

• 提供非学历教育服务

• 取得营改增试点之日前取得的有形动产为标的物提供的经营租赁服务

• 公路经营企业中收取试点前开工的高速公路的车辆通行费

如果大部分的供应商能够且愿意提供专用发票，申请成为一般纳税人是不错的选择。如果不是，建议选择做小规模纳税人。

题外话：

我曾经为一家香港公司做账，它与内地不同，香港的会计一年申报一次。而我们除每个月都要申报一次增值税外，在每个季度还要申报一次所得税。如果是生产型企业，还要对进项税金进行筹划，每年都要更新所学知识。如果真的想在这一行立足的话，读者要做好长期学习的准备。这个行业，知识的更新换代是很快的，如果跟不上节奏，很快就会落后。

我估计，现在用手工记账的，除了怀旧的，已经非常少了。记得 2000 年的时候，会计电算化还是件新鲜事，发展到现在，很多人都开始使用手机记账。什么是手机记账？就是用手机登记凭证，随时随地工作。如云记账之类的手机记账 App，即使不在办公室，也可以进行录入登记。想在这个互联网时代走下去，就要不断地学习。

第 3 章

电商的发票问题

有人问：什么类型的电商不用纳税申报？答案是，自 2019 年 1 月 1 日之后，所有的电商都要作纳税申报。无论你是做国内平台还是做国外平台的，自 2019 年 1 月 1 日之后，都要纳税申报。如果你是做跨境电商的，一定知道英国、德国、美国在 2018 年都陆续立法，在 2019 年开始对电商征税。

3.1　税务登记

无论是淘宝也好微商也好，过去的个人卖家都没有做纳税申报，为什么呢？因为个人卖家不能办理工商登记，没有工商登记也就没有税务登记，从而不用纳税。但现在改了，除非特殊个体，做电商就要办理工商登记，也要办理税务登记，从而进行纳税申报。

针对小规模纳税人，是有税收优惠的。请看下面公告。

关于小规模纳税人免征增值税政策有关征管问题的公告

国家税务总局公告 2019 年第 4 号

按照《财政部　税务总局关于实施小微企业普惠性税收减免政策的通知》（财税〔2019〕13 号）的规定，现将小规模纳税人月销售额 10 万元以下（含本数）免征增值税政策若干征管问题公告如下：

一、小规模纳税人发生增值税应税销售行为，合计月销售额未超过 10 万元（以 1 个季度为 1 个纳税期的，季度销售额未超过 30 万元，下同）的，免征增值税。

小规模纳税人发生增值税应税销售行为，合计月销售额超过 10 万元，但扣除本期发生的销售不动产的销售额后未超过 10 万元的，其销售货物、劳务、服务、无形资产取得的销售额免征增值税。

二、适用增值税差额征税政策的小规模纳税人，以差额后的销售额确定是否可以享受本公告规定的免征增值税政策。

……

除了月收入低于 3 万元的企业不用纳税之外，对于利润低于 300 万元的企业，税率也是比较低的。请看相关规定。

财政部税政司、税务总局政策法规司有关负责人就

小微企业普惠性税收减免政策问答

2019 年 1 月 18 日 来源：财政厅

……

问：与此前相比，这次出台的小型微利企业所得税优惠政策有何变化？

答：第一，放宽小型微利企业标准，扩大小型微利企业的覆盖面。政策调整前，小型微利企业年应纳税所得额、从业人数和资产总额标准上限分别为 100 万元、工业企业 100 人（其他企业 80 人）和工业企业 3 000 万元（其他企业 1 000 万元）。此次调整明确将上述三个标准上限分别提高到 300 万元、300 人和 5 000 万元。

……

举例说明，一个年应纳税所得额为 300 万元的企业，此前不在小型微利企业范围之内，需要按 25% 的法定税率缴纳企业所得税 75 万元（300×25%=75 万元），按照新出台的优惠政策，如果其从业人数和资产总额符合条件，其仅需缴纳企业所得税 25 万元（100×25%×20%+200×50%×20%=25（万元）），所得税负担大幅减轻。

……

按我的经验，只要会计工作做得好，其实纳税申报也没有什么问题的。

3.1.1 电商企业可以不开发票吗

天猫、阿里巴巴、速卖通、微店（企业性质）的店铺都要做纳税申报。因为这些平台只接受企业注册，个人是不能注册的。

另外，天猫、京东等电商平台，它们的收付款都需要绑定公司银行账户，即需要办理《开户许可证》。这样一来，所有的提现转账等就显示在银行流水上面，工商、税务可以调取检查。

如果我的企业不开发票的话，是不是不用纳税？原则上是不可以的。奉劝各位读者一定要依法开票登记。现在税务局已经引入大数据系统"金税三期"，在大数据的支持下，网络交易会在资金支付和快递物流两个环节留痕，税务部门要获得电商企业的经营数据，比查实体店还要简单。

3.1.2 线上线下要分开

假如我有一家贸易公司，主要经营小家电商品。我又在淘宝开了一个网店，线上以零售为主，线下以批发为主。淘宝上有"七天无理由退货"的规则，虽然货已发出，但是难保日后不会退货，即便真的从支付宝中收到货款，客户也可以申请退货退款，如图 3.1 所示。

图 3.1 收入支出图

线下做批发时，一开发票，即使没收到钱款，税务局也认定企业当期有收入，便于申报，发出存货也容易计入成本核算。就算是退货，跨月开具一张红字发票即可。

这样一来，在同一家公司，线上线下业务的收入确认时间就不一样了，很容易造成收入与成本的不匹配。这样就违反了会计配比原则，即是指企业特定会计期间所实现的收入，应与为实现收入所发生的费用成本相比较，以确定本期间的损益。

因此，最好对线上线下的业务进行分别核算。同一家公司，可以分设一个电商事业部，将线上发生的收入和支出另外列出，或者再成立一家分公司，另外进行核算。

当然，申报的时候可以一起申报，但会计核算最好分别进行。不然到时会计做账难查找，又容易涉及税收风险，何必呢？

除了线上线下分别核算之外，最好将线上的收入开具电子发票。

3.1.3 开具电子发票的好处

与传统纸质发票相比，电子发票具有无纸化、低能耗、易保存、易查询等优点，运营商、餐饮企业、电子商务企业、互联网出行行业和快递行业对电子发票的接受意愿最为强烈。

——国家税务总局[1]

现在我们从实务的角度来探讨开具电子发票对企业会计核算的好处。

（1）合理有效避免跨期险

延伸上一个问题"线上线下业务的收入确认时间不一样，容易造成收入与成本的不匹配"。如果开具电子发票，是由系统自动开具的，这样就将收入的时间差异推给电商平台，可以有效避免跨期收入带来的税收风险。开具电子发票流程图如图 3.2 所示。

---

[1] 相关内容可查询：http://www.chinatax.gov.cn/chinatax/n810219/n810780/c2671189/content.html

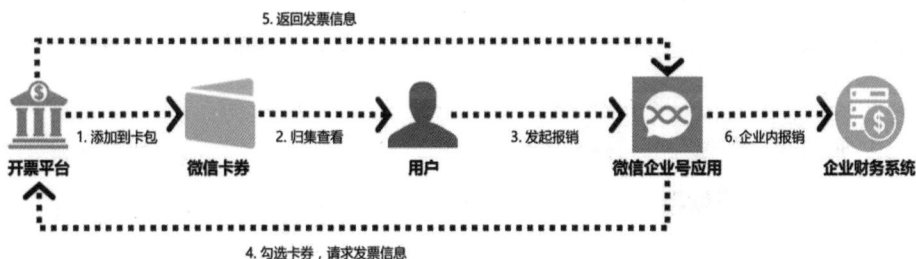

图 3.2　开具电子发票流程图

（2）简化会计工作

对企业会计人员来说，不需要每月领发票、不需要去税务局、不用打印邮寄、不用验真伪、不用担心丢失发票的后果，从而简化了工作流程。

对于一些大型企业，有自家 ERP，又经营网上商城的，那么使用电子发票的好处就更多了！以前可能需要几个人去专门开具发票，现在只需要一个服务器就可以了。

国家推行电子发票，就是要解决电商行业严重偷税漏税的问题。

说完开具发票，下面来说一下收取发票。

3.2　线上线下，都要收取专用发票

开具电子发票的电商企业会计，记得提醒你的主管在采购时要取得增值税专用发票。原因就是，增值税是流转税，它是对毛利润进行征税的，而毛利的最终承担者是个人消费者，所以，如果在生产销售的过程中没有取得专用发票，那么就没有办法计算企业的毛利。只能按企业销售额的 3% 进行征税，当然企业可以将税负转嫁给消费者，但产品的价格就失去竞争力了。

如果企业是增值税一般纳税人，进项抵扣的时候需要增值税专用发票，多余的部分，要按照 13% 的税率缴纳增值税。目前线上暂时只能开具增值税普通发票，是不能开具电子的专用发票的，所以进货的时候，一定要记得索要纸质发票，而且还是专用发票。发票分类图如图 3.3 所示。

如果你在阿里中国 1688 平台做生意，经常会有人在旺旺上问你，能不能提供增值税专用发票，这也是客户判断你是不是正规工厂的依据，特别是一些大客户，起批量超过 1 000 件的大客户。

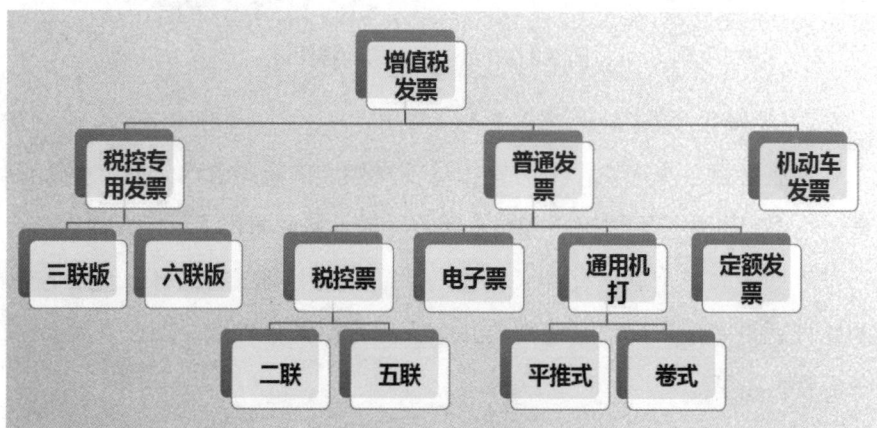

图 3.3 发票分类图

就算是包邮的话，运费也要分别核算

大多数物流公司都可以针对运费和搬运费开具增值税专用发票，在核算的时候，电商企业最好分别核算。为什么？因为两者的税率是不一样的。运费的税率是 9%，搬运费的税率是 13%。

包邮是指由卖家承担买家所购商品运费的促销方式。但实际上，这不是真正的免运费，很多时候都是包含在商品价格里面。

通常，运费支付给物流公司，中间没有产生利润，但不要忘记了，物流公司开具的发票是可以抵扣进项税的。正确的做账方法是，电商会计收取运费时一并确认销售收入和增值税税额，向快递公司支付运费时则确认销售费用，并按照运费的 9% 计算增值税进项税额。

下面举例说明，以便大家理解。

例：天猫平台上某家具卖家在"双十一"期间推出包邮活动，200 元以上的所有商品包邮，其在该期间共卖出某件单价在 200 元以上的家具 100 件，合计 45 000 元，实际打折后，快递公司运费 1 000 元。假设，该批家具已经取得增值税专用发票，发票上的进项金额为 5 000 元。

会计处理如下：

借：银行存款　　　　　　　　　　　　　　　45 000

　　贷：主营业务收入　　　　　　　　（45 000÷1.13）39 823.01

　　　　应交税费——应交增值税（销项税额）

　　　　　　　　　　　　　　　　（45 000÷1.13×0.13）5 176.99

借：销售费用（快递费）　　　　　　　（1 000×94.3%）943

　　应交税费——应交增值税（进项税额）　（1 000×5.7%）57

　　贷：银行存款　　　　　　　　　　　　　　1 000

　　　　5 176.99-5 000-57=119.99（元）

　　　　应交增值税为 119.99 元。

题外话：

一家企业之中，财务部是一个成本部门，它是向业务部门提供支持的。对于新建企业，可以聘请代理建账公司做纳税申报，这个时候财务能提供的支持不多。但如果企业销售额一个月超过 100 万元，这就是一个分水岭了，无论在税务局的认定上，又或者是业务的需要上，财务核算系统应该要健全了。

我从会计做到审计，有多年的财务工作经历，认为一家好的企业，必定要有好的业务人员，而好的业务人员，必定会要求更好的财务服务。但是，现实中很多经营者对财务服务不太重视，就算看报表，也只注意三个数据，收入、税金、工资，将更多的精力放在业务运营上面。但往往业务做大之后，却发现企业的竞争力减弱了。这是为什么呢？因为财务没有参与到业务中去，不能为业务人员带来更好的财务服务。

好的财务服务有哪些？答案有很多，有成本精细化、现金流水可预测、短期借款、产品投资、业务信息承载等。最重要的就是快速承载信息，即为管理者提供最快的信息支持。不过，这就需要财务人员熟悉该行业的业务，而关起门做账是远远不够的。

第4章

天猫店的会计核算要点

相信很多人有过在天猫购物的经历，公司如果入驻天猫，作为一名会计就要做好一些准备工作，因为天猫的运营规则与淘宝还不一样。

4.1　天猫建账流程

关于天猫，与其说是一家网店平台，不如说是一家品牌店平台。近年天猫修改了入驻规则，不是所有的公司都可以入驻天猫了，要有品牌，又或者说代理了某个品牌。而且保证金也比较高，普通经营类目最少也要 10 万元，所以并不适合小公司去进驻的。刚开业的小公司，不建议马上入驻天猫，因为除了保证金外，每年的年费最少也要 6 万元。

天猫建账比较简单，如果你是新开办的企业，基本的建账流程如下。

（1）办齐三证一照，开具银行基本户。

（2）上传证照，入驻天猫网。

（3）预计销售规模，选择小规模纳税人或一般纳税人。

（4）购领金税盘（开具发票专用）。

（5）选择记账软件。

（6）开通财务后台【账房】。

（7）开通支付宝。

如果你的企业已经初具规模，那么只需要开通财务后台和支付宝就行了。

有人会问，既然这么简单，我不找财务公司做账了，我去报个会计班，边学边做账，一年可以省好几千呢。这是可以的，我个人是非常赞成的。

会计是一门学问，入门不难，而且知识学到了就是自己的，让自己多一门知识，有什么不可以呢？虽然财务公司可以帮你处理很多琐碎的，对经营帮助不大的事情，比如去工商、税务、社保、银行、记账报税、买发票、开户年审等工作，但这些又不难，最多辛苦一点。

学个会计，考个入门级的证书，不需要很多花费，时间投入也不多。从长远的考虑来看，这也是一个好的规划。大家也都知道夫妻店，男的管业务，女的管财务，财务问题交给自己人还是比较放心的，所以大部分夫妻店和小微型企业的财务都是由业主的老婆兼任。

4.2 发货的核算

对于一家天猫店来说，估计除了交开办费用和保证金外，第一笔业务估计就是发货了。

在天猫，发货不是指物流上面的发货，而是指商家单击"发货"按钮后才算发货，这个很重要，因为计算退货日期是按这个日期来确定的。例如，我发货给卖家，物流单上面的日期是 10 月 1 日，但我单击"发货"按钮的日期是 10 月 2 日，那么天猫是按 10 月 2 日来认定发货时间。

从财务的角度来看，虽然单击了"发货"按钮，但交易还没有成功，因为我还没有收到钱。

10 月 2 日的会计分录如下：

借：发出商品

　　贷：库存商品

如果客户退货，只需要做一笔分录就行了。

借：库存商品

　　贷：发出商品

这两笔分录，一正一反。运费要分别核算，这里也是一样的。所以我们还需要将运费从产品价格中分离出来，分录如下：

借：销售费用——运费

　　贷：其他货币资金——支付宝

即使是退货，运费也是不能退的，就算是重新发货，运费也需要重新支付。

建议最好不要在寄出货物的时候连同发票一起寄过去，不然到时出现退货的时候，要作废发票就麻烦了。

有人认为，收到的运费不应该放入销售费用，运费应该计入价外费用合并计税。这个想法是不对的，按《中华人民共和国增值税暂行条例实施细则》（财法〔1993〕38号）第十二条规定：

条例第六条所称价外费用，是指价外向购买方收取的手续费、补贴、基金、集资费、返还利润、奖励费、违约金（延期付款利息）、包装费、包装物租金、储备费、优质费、运输装卸费、代收款项、代垫款项及其他各种性质的价外收费。但下列项目不包括在内：

（1）向购买方收取的销项税额；

（2）受托加工应征消费税的消费品所代收代缴的消费税；

（3）同时符合条件的代垫运费。

这条规定已经写明了，价外费用是不包括运费的。

4.3 发货后收到钱的核算

在天猫，每交易一笔是要按类目扣佣金的，3C类的佣金为2%，女装类的佣金为5%。就是每交易100元女装类产品就要扣5元的佣金。当然，如果销售是达标的，那么该佣金是会返还的。

所以这里的分录和普通企业的分录有点不一样。例如，我卖一件女装，交易价格是105元。成本80元，天猫佣金为5元。

借：其他货币资金——支付宝   100

    其他应付款——天猫佣金   5

    贷：主营业务收入   92.9

        应交增值税——销项税金   12.1

借：主营业务成本   80

贷：发出商品   80

有的人不明白，为什么收入不是 105 元？即使扣除 5 元的佣金，收入不是 100 元吗？为什么收入是 92.9 元呢？这个简单点来说，会计入账的收入是不含税的，因为税金会在月末的时候申报到国税局。所以一开始收到的钱不等于收入。由此可知，天猫东西是比较贵的，除了有 2%~5% 的天猫佣金之外，还有 6%~13% 的增值税。

记得，天猫佣金是可以申请发票的，在天猫后台中的"账房"中，可以索取发票。收到发票之后，做如下分录就行了。

借：销售费用——天猫佣金   4.32

应交增值税——进项税金   0.68

贷：其他应付款——天猫佣金   5

另外，有人会问，我是不是可以不开发票，这样的话，不用报税。这是行不通的。因为天猫的企业支付宝只能绑定企业银行账号，只能提现到企业账号中，而不能提现到个人支付宝，也不能消费，所以只要一提现，收入就很难隐瞒。特别是在《电子商务法》颁布之后，税务局是有权查询电商平台的交易数据的。

4.4 淘宝客佣金的核算

在天猫，可以参加淘宝联盟"淘宝客"的产品推广，可以设置每卖一个自己的产品支付多少佣金，如图 4.1 所示。

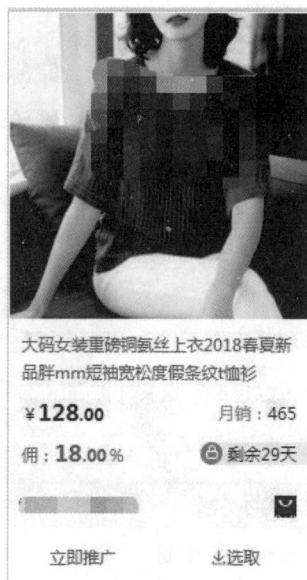

大码女装重磅铜氨丝上衣2018春夏新
品胖mm短袖宽松度假条纹t恤衫

¥128.00   月销：465

佣：18.00%   剩余29天

立即推广   选取

图 4.1　佣金图

也就是说，有人帮卖家每卖一件 128 元的上衣，将得到 18% 的佣金，这些就叫作淘宝客了。他们在淘宝联盟中找到卖家发布的产品，并且推广出去，当有买家通过自己的推广链接成交后，那么就能够赚到卖家所提供的佣金。一般是交易完成后一周支付。

如我通过淘宝客卖了一件 128 元的上衣，要支付淘宝客 23 元的佣金。在交易结束后，会计应该做的分录如下：

借：其他应付款——淘宝客佣金　　　　　　　　　　　23

　　贷：其他货币资金——支付宝　　　　　　　　　　　　　　23

借：销售费用——业务宣传费　　　　　　　　　　　　23

　　贷：其他应付款——淘宝客佣金　　　　　　　　　　　　　23

注意：销售费用的发票可以在次月，进入【账房】，然后单击左侧【发票管理】—【申请发票】开具电子发票。

同理，如果是聚划算、直通车之类的营销推广费用，也可以按照上面的核算方法进行核算，道理是一样的，这些费用也可以通过天猫后台开具发票。

　　说到淘宝客，财务必须要重点检查，因为这里是营运店长容易出问题的地方。一般很多网店都由店长负责淘宝客的操作权限，如果将佣金调高，并收取回购的话，网店的销售量虽然会越来越高，但亏损就会越来越大。

　　比如，我是店长，我将淘宝客的佣金设为 25%，即每卖一件 100 元的货物，要付给淘宝客 25 元。这时，我通过旺旺，找到好几个大淘宝客，跟他们说：有一个货物，我在后台能分你们 25% 的佣金，需要帮我强推爆款，但事成后你要给我 5% 的回扣。一般两天，他们就可以把销量从零推到破万，如果网店的资金流水比较充足的话，这个事很难查出，所以，如果天猫上有用淘宝客的，会计一定要重点检查其后台数据，减少不合理的佣金支出。

　　一般来说，天猫店很少会将佣金设置到 10% 以上，而淘宝店，为了冲销量，经常有人设置 25% 的佣金，这个对于会计来说，是需要注意的地方。

4.5 "双十一""双十二"等节日的促销活动的 会计处理

　　无论是"双十一"还是"双十二"，促销打折的商品都是按打折后的价格开具发票的。也就是说，原价卖 100 元的，现在"双十一"卖 50 元，只能按 50 元来开具发票，如果按 100 元开具发票，就多缴税了。

　　如果有天猫优惠券呢？"买满 100 送 20，买满 300 送 80"之类的呢？和上面的情况一样，都是按客户使用优惠券后的金额开具发票。

　　那么可不可以设一个"预计负债"之类的科目，等到有人使用优惠券再去冲减"预计负债"。我认为这是一种浪费时间的方法，这个方法会增加核算时间，最后得到的收入都是一样的。

按国家税务总局"关于印发《增值税若干具体问题的规定》的通知"（国税发〔1993〕154号）规定："纳税人采取折扣方式销售货物，如果销售额和折扣额在同一张发票上分别注明的，可按折扣后的销售额征收增值税。如果将折扣额另开发票，不论其在财务上如何处理，均不得从销售额中减除折扣额。"

记住一个原则，无论是以什么样的折扣和营销方法，支付宝收到的金额才是开发票的依据。哪怕是买一送一，例如：销售一件西装1170元，赠送一件衬衣117元，则收到的款项都要按销售了两件货物进行入账，如图4.2所示。

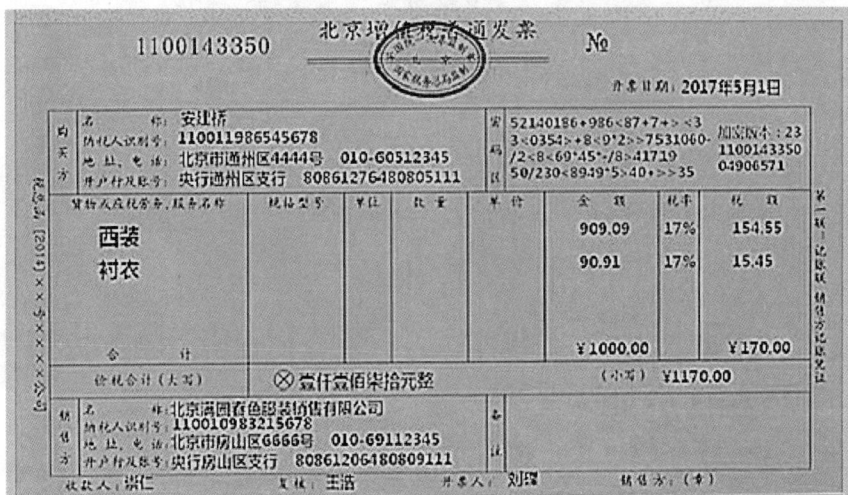

图4.2　折扣发票图

所以，大部分的"双十一"优惠，很多都是玩一些数字游戏，不一定是真的打折。

4.6　采购入库的成本

按照财政部颁发的《企业会计准则第 1 号——存货》第五条：存货应当按照成本进行初始计量。存货成本包括采购成本、加工成本和其他成本。

第六条存货的采购成本，包括购买价款、相关税费、运输费、装卸费、保险费以及其他可归属于存货采购成本的费用。

注意，第六条中的相关税费不是指增值税。

具体分录如下：

借：库存商品

　　应交增值税——进项税额

　　贷：应付账款

所以只需要设一个科目"库存商品"用来核算采购成本。即买这一批货物，包括运输费、装卸费，一共花了多少钱。

这里要注意一下，库存费用是不能对存货的采购成本进行核算的。

我估计，大多数经营天猫店都是流通贸易型的公司，加工生产型的公司应该很少。另外，天猫店的大部分客户都是个人消费者，所以没有必要开具增值税专用发票。但采购的时候，必须向供应商要增值税专用发票，这个关系到你缴增值税的多与少。

这个是重点，如果你的供应商没有增值税专用发票怎么办？你就要多缴税金了，按开票金额的 13% 缴纳，如果毛利低于 13% 的话，亏本是一定的。

第 5 章

生鲜电商的核算管理要点

生鲜电商也是电商的一种，不过这个电商非常特别，涉及农产品，而农产品的核算是比较特殊的，在税法上也有所不同，所以单立 1 章，主要讲解涉及农产品的生鲜电商。

5.1　不是所有的农产品都是免税的

经营生鲜电商的会计一定要清楚，经营的农产品是不是在销售环节免缴增值税，即你买回来之后再卖出去，是不是不用缴增值税。按照国家税务总局规定，只有家禽、猪牛羊肉、蛋类、蔬菜是在流通环节免征增值税的，如果公司是卖水果、水产的，要征 10% 的增值税，除非是自产自销的农业生产者。

有一次我在网上买了盒生鲜鸡，发票上面注明增值税为 11%（2018 年 5 月之前买的，当时的税率为 11%），因为生鲜鸡的增值税税率应该为 0%，所以说明多缴了 11% 的税款。

具体大家可以参见一下《财政部　国家税务总局关于免征部分鲜活肉蛋产品流通环节增值税政策的通知》（财税〔2012〕75 号）的规定。对从事农产品批发、零售的纳税人销售的部分鲜活肉蛋产品免征增值税。免征增值税的鲜活肉产品，是指猪、牛、羊、鸡、鸭、鹅及其整块或者分割的鲜肉、冷藏或者冷冻肉，内脏、头、尾、骨、蹄、翅、爪等组织。

这点是电商会计要特别注意的。

5.2　不是所有的农产品都是初级农产品

生鲜鸡是免增值税的，而烧鸡是要征增值税的；生猪肉是免税的，但烧猪肉是要征增值税的。所以作为电商会计，要清楚出售的产品是不是初级农产品。

所谓的初级农产品，是指只通过简单的晒干、风干、腌制、切片等粗略的方式制成的农业产品。

另外，特别注意的是，不是所有晒干和风干的农产品都是初级农产品，例如，鱼干就不属于初级农产品。按《财政部 国家税务总局关于发布享受企业所得税优惠政策的农产品初加工范围（试行）的通知》（财税〔2008〕149号）规定，将水产动物（鱼、虾、蟹、鳖、贝、棘皮类、软体类、腔肠类、两栖类、海兽类动物等）整体或去头、去鳞（皮、壳）、去内脏、去骨（刺）、擂溃或切块、切片，经冰鲜、冷冻、冷藏等保鲜防腐处理、包装等简单加工处理，制成的水产动物初制品。而鱼干是没有包含进去的。但风干肉、火腿等却是初级农业产品，在（财税〔2011〕26号）《关于享受企业所得税优惠的农产品初加工有关范围的补充通知》，补充火腿等风干肉等的加工免税，属于初级农产品。

补充一下，如果是进行过深加工的农产品，无论如何都是要缴增值税的，例如，大米变成米粉，是初加工免税的；但大米变成爆米花，这就是深加工了，要征税。

5.3　只有自产自销的农业生产者才免增值税

自产自销的农业生产者是指从事农业（包括种植业、养殖业、林业、牧业、水产养殖业）生产的单位和个人。按《中华人民共和国增值税暂行条例》第十五条规定，农业生产者销售的自产农产品可申请免征增值税。

如果会计自己不确定公司是不是属于自产自销的农业生产者，可以看看公司有没有承包合同，无论是山地、林地、草地、鱼塘都可以。另外，就算有承包合同，还要看看产品是不是属于农产品免税范围，例如种咖啡豆，就要征增值税了。

如果不确定你公司销售的产品是不是免税农产品，可以查一下《农业产品征税范围注释》（财税〔1995〕52号），里面有比较详细的解释，这里不再赘述。

5.4　生鲜电商的存货核算

生鲜电商与其他电商的存货核算不一样，它们不是通过"库存商品"科目进行核算，而是通过"生物资产"进行核算。

生鲜电商与其他电商的不同之处，主要是生鲜电商的存货是变动的。在会计学上，农业企业的存货可以叫作生物资产。为什么要用生物资产将普通的存货进行区别，是因为养殖的鱼、虾是会生老病死的。很难估计它们的价值。按《农业企业会计核算办法——生物资产和农产品》：生物资产应分为消耗性生物资产和生产性生物资产。消耗性生物资产是指将收获为农产品或为出售而持有的生物资产，如玉米和小麦等庄稼、用材料、存栏待售的牲畜、养殖的鱼等。生产性生物资产是指消耗性生物资产以外的生物资产，如产畜、役畜、经济林木等。

由于绝大部分的生鲜电商是以贸易性质为主的，所以只需要设置"消耗性生物资产"这一科目就可以了，"生产性生物资产"基本上是不会被用到的。

"消耗性生物资产"，可以按购买价格、运输费、保险费以及其他可直接归属于购买生物资产的相关税费，作为实际成本。

借："消耗性生物资产"（买价的 90%）

　　应交增值税——进项税额（买价的 10%）

　　贷：应付账款

这个分录中农产品不是免税的吗？为什么要有进项税呢？因为虽然大多数的农产品是免税的，但农产品是可抵扣增值税的，在申报的时候做计算抵扣即可，如图 5.1 所示。

增值税纳税申报表附列资料（二）		
（本期进项税额明细）		
税款所属时间：2018年 5 月 1 日至 2018 年 5 月 31 日		
纳税人名称：（公章）		
一、申报抵扣的进项税额		
项目	栏次	份数
（一）认证相符的增值税专用发票	1=2+3	1
其中：本期认证相符且本期申报抵扣	2	1
前期认证相符且本期申报抵扣	3	
（二）其他扣税凭证	4=5+6+7+8a+8b	
其中：海关进口增值税专用缴款书	5	
农产品收购发票或者销售发票	6	
代扣代缴税收缴款凭证	7	
加计扣除农产品进项税额	8a	——
其他	8b	
（三）本期用于购建不动产的扣税凭证	9	
（四）本期不动产允许抵扣进项税额	10	——
（五）外贸企业进项税额抵扣证明	11	——

图 5.1 增值税申报表附列资料

所以为了便于申报，最好在计算时做税价分离。

另外，农产品的计算是以买价来计算进项税额的，而不是按不含税价计算的。例如，我买了 1 000 元的鱼，按 10% 的增值税税率，那么进项税额是 100 元。而不是像企业那样，先将 1 000 元转化成不含税价 [1 000÷（1+10%）]= 909，再去计算进项税，这样进项税额就变成 91 元了。这是不对的。

出售消耗性生物资产，应按实际收到的金额，借记"其他货币资金"等科目，贷记"主营业务收入"等科目。按其账面余额，借记"主营业务成本"等科目，贷记"消耗性生物资产"科目。具体如下：

借：其他货币资金——支付宝

贷：主营业务收入——农产品（不含税价）

应交增值税——销项税额（不含税价的10%）

借：应交增值税——销项税额

　　贷：营业外收入——免税收入

借：主营业务成本——农产品

　　贷：消耗性生物资产

这个又不一样了，销售的时候，增值税销项税额要按不含税价计算的。同上例，我用 1 000 元把鱼买回来，再原价卖出去，那么销项税额是 1 000÷（1+10%）×10% ≈ 91（元）。这样的结果是，当农业企业的毛利低于 10% 的时候，将有留抵税额，不用交增值税，这个是国家给农业企业的特殊优惠。

另外，生鲜电商有一特别注意的地方是存货损耗，毕竟生鲜产品的保质期非常短，大多数自营的生鲜电商，很多时候会有正常的自然损耗。例如，荔枝的时间过长，造成变色。所以记得要做好盘点表，每月计算好亏损。

这个是非常重要的，如果你的生鲜电商需要交企业所得税，计算好每月的亏损，做好税前扣除。

因为按照《企业资产损失所得税税前扣除管理办法》第九条，企业可以用清单申报的方式向税务机关申报扣除：

（一）企业在正常经营管理活动中，按照公允价格销售、转让、变卖非货币资产的损失；

（二）企业各项存货发生的正常损耗；

（三）企业固定资产达到或超过使用年限而正常报废清理的损失；

（四）企业生产性生物资产达到或超过使用年限而正常死亡发生的资产损失；

同时按照第二十七条，存货报废、毁损或变质损失，为其计税成本扣除残值及责任人赔偿后的余额，应依据以下证据材料确认：

（一）存货计税成本的确定依据；

（二）企业内部关于存货报废、毁损、变质、残值情况说明及核销资料；

（三）涉及责任人赔偿的，应当有赔偿情况说明；

（四）该项损失数额较大的（指占企业该类资产计税成本 10% 以上，或减少当年应纳税所得、增加亏损 10% 以上，下同），应有专业技术鉴定意见或法定资质中介机构出具的专项报告等。

例如：在月末盘点的时候，发现有一批农产品变质了，估算其价值为 1 000 元，采购时，由于是免税农产品，所以不需做进项税额转出，具体的会计分录如下：

借：待处理财产损溢——待处理流动资产损溢 1 000

　　贷：消耗性生物资产 1 000

待我做好证据材料之后

借：管理费用 1 000

　　贷：待处理财产损溢——待处理流动资产损溢 1 000

生鲜电商应该设置"待处理财产损溢"这个科目，在月末统计盘点时的正常亏损，当然，这个要收集好证据，不然要交所得税了。

生鲜电商的采购入货是非常需要经验的事情，因为采购的时候，如果没有一定的鉴别能力，不能发现禽畜的"暗伤"。十年出一个买手，特别是做农业会计，单单去靠价格和数量去判断采购质量，是非常有风险的。

说到采购，需要提一下供应商。工业企业的供应商大多数是工厂主，但农业企业的供应商，绝大多数是个体户、农户、农庄。一般的工业企业大宗采购都要签合同，但农企采购是没有合同的，最多有一张磅码单或出货单之类的。结算时，一手交钱，一手交货，而且没有退货。

所以采购员发现农产品有问题，一定要马上停止采购，如果货一上车，就不能"下"来了。

5.5　水产类、花卉类农产品损耗的税务处理

经常有不少从事水产类和花卉类的朋友向我咨询关于农产品损耗的问题，最主要的是水产和花卉损耗的企业所得税问题，这里抛砖引玉，希望大家能对这两类农产品损耗涉及的所得税处理有一个了解。

如果你的公司是养殖水产或种植花卉的，那么你的公司就享受减半企业所得税优惠。记住，是公司。如果你是农民，就不用交税。

有个水产类的生产经营项目叫作瘦身鱼，顾名思义，就是鱼采购回来后，减少投喂，消脂减肥后，再将鱼卖出去。

有个花卉类的生产经营项目叫作嫁接花，就是将两段木接在一起，变成一棵植物，成形之后再卖出去。现在绿化部门对很多花的抗寒、抗旱要求比较高。

如果鱼在生产的过程中，体重减少了，销售时的重量会对不上采购时的重量，这里消失的脂肪如果不计入成本，存货就平不了数。同理，花卉嫁接中，消失的砧木（接穗）数量同样也没有了，也是损耗。

5.5.1　损耗与损失是两码事

对于这些损耗，可以依据《企业资产损失所得税税前扣除管理办法》第九条"企业生产性生物资产达到或超过使用年限而正常死亡发生的资产损失"用清单申报的形式向税务机关进行申报扣除。但是，这些不适用于以上两种情况，因为这些不是生产性生物资产，这是消耗性生物资产。

对于这些"资产"是以存货的形式进行核算，而不是以固定资产的形式进行。这些是损耗，而不是损失。

什么是损失？按照《企业会计准则第 5 号——生物资产》中第二十一条提到，"应当按照可变现净值或可收回金额低于账面价值的差额"确认损失，问题是，这些损耗形成后，它们的可收回金额是大于账面价值的。为什么？虽然鱼的脂肪减少了，但销售的单价更高了。

举个例子，如果用 1 000 元采购了 100 条催肥鱼，重量为 700 斤。经过 15 天的瘦身后，鱼的重量减到 600 斤，但能以 1 500 元的价格销售出去。这里有损失吗？严格来看，只是损失了 100 斤的脂肪，以及对应的 142.86 元，但实际赚了 500 元。

我认为这个损耗，应该按照《企业资产损失所得税税前扣除管理办法》"企业各项存货发生的正常损耗"来做清单申报。

这里需要提醒一下：按国家税务总局公告 2018 年第 15 号《国家税务总局关于企业所得税资产损失资料留存备查有关事项的公告》，这些损耗的会计核算资料不用报送税务机关，只作留存备查，如图 5.2 所示。

第二章　申报管理

第七条 [红色字体部分废止] 企业在进行企业所得税年度汇算清缴申报时，可将资产损失申报材料和纳税资料作为企业所得税年度纳税申报表的附件一并向税务机关报送。

第八条 [红色字体部分废止] 企业资产损失按其申报内容和要求的不同，分为清单申报和专项申报两种申报形式。其中，属于清单申报的资产损失，企业可按会计核算科目进行归类、汇总，然后再将汇总清单报送税务机关，有关会计核算资料和纳税资料留存备查；属于专项申报的资产损失，企业应逐项（或逐笔）报送申请报告，同时附送会计核算资料及其他相关的纳税资料。

图 5.2　申报管理废除图

5.5.2　如何理解损失超过 10% 要出具报告

国家税务总局公告 2011 年第 25 号第 27 条第 4 款规定："该项损失数额较大的（指占企业该类资产计税成本 10% 以上，或减少当年应纳税所得、增加亏损 10% 以上），应有专业技术鉴定意见或法定资质中介机构出具的专项报告等。"

按上例，如果鱼损失了 100 斤的脂肪，对应的金额为 142.86 元，按理该损失为 14.3%，超过计税成本的 10%。是不是要出具专项报告呢？不过，如果说增加亏损 10% 以上，又有点冤枉，因为这些鱼没有赚钱。的确，如果这些鱼的计量单位以"公斤"来计算，是数量减少了，但如果存货的计量单位以"条"来计算的话，数量是没有增加的。

而且，这条规定只适合于存货报废、毁损或变质损失，严格来说，鱼没有死、没有病，只是瘦了，如果真的要出具专项报告的话，这个有点不符合实际情况。

应该用《企业资产损失所得税税前扣除管理办法》第 26 条规定："存货盘亏损失，为其盘亏金额扣除责任人赔偿后的余额，应依据以下证据材料确认：

（1）存货计税成本确定依据；

（2）企业内部有关责任认定、责任人赔偿说明和内部核批文件；

（3）存货盘点表；

（4）存货保管人对于盘亏的情况说明。"

数量减少了，比较接近盘亏这个概念。

对此，我参考了一些农业类上市公司的做法，上市公司对消耗性生物资产期末余额的确认是作为关键事项来进行审计的。

上市公司的做法是，找相关水产专家进行实地取样查证，参考历史数据得出综合生长率。这个方法比较靠谱一点，采购的公斤数是有的，销售的公斤数也是有的，两者相减，得出消脂公斤数，这个应该就是合理的损耗，如图 5.3 所示。

摘 分享：

（二）消耗性生物资产期末余额的确认

1、事项描述

如合并财务报表附注五（六）所述，截至 2017 年 12 月 31 日大湖股份存货-消耗性生物资产账面余额 225,680,104.35 元，账面净值 225,200,586.56 元，占期末存货账面净值的44.52%。由于大型水面养殖的特征，采用逐一盘点数量的方式不具备操作性，而采用直接抽样数理分析的方法来进行推断也不符合鱼类的群居和洄游的特性。因此，我们在年末会同大湖股份水产事业部人员及相关水产专家，进行实地取样查证，通过现场捕捞来重测算成鱼的综合生长系数。大湖股份依据专家工作确认的存活率、综合生长系数等关键参数记录，综合考虑公司水产品生长周期、鱼种投放频率等因素合理确定消耗性生物资产的期末余额。存活率、综合生长系数主要来源于专家的了解、经验判断及历史数据。由于消耗性生物资产期末

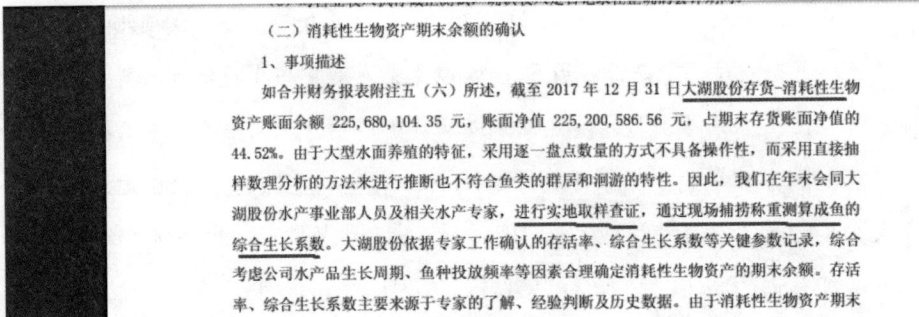

图 5.3　大湖股份报告

会计处理上，合理损耗是企业生产经营中无法避免并且可以提前估计到的损失，是正常生产经营的必要成本，因此应当计入存货的入账价值。

5.5.3　瘦身鱼和嫁接花是否能享受所得税优惠

农业类的产品如果不属于自产自销的话，往往会被征税。一般来说，自产自销的意思是养殖后自己进行销售，但如果采购后再养殖、销售，这种情况是不是属于自产自销呢？

国家税务总局出台了一个公告《国家税务总局关于实施农、林、牧、渔业项目企业所得税优惠问题的公告》（国家税务总局公告 2011 年第 48 号）。

此公告中第 7 条："购入农产品进行再种植、养殖的税务处理：企业将购入的农、林、牧、渔产品，在自有或租用的场地进行育肥、育秧等再种植、养殖，经过一定的生长周期，使其生物形态发生变化，且并非由于本环节对农产品进行加工而明显增加了产品的使用价值的，可视为农产品的种植、养殖项目享受相应的税收优惠。

主管税务机关对企业进行农产品的再种植、养殖是否符合上述条件难以

确定的，可要求企业提供县级以上农、林、牧、渔业政府主管部门的确认意见。"

从这里可以知道，税务局也了解有一些养殖环节是可以增加农产品的使用价值的，虽然这里没有提到生产环节所造成的损耗，不过，从条例的精神来看，对于再养殖、再种植的生产环节，它们是被纳入正常生产经营范畴中的。所以我认为，对于这一类的损耗，应该可以直接在所得税前扣除，在增值税进项税额也不需要作转出处理。

5.6　农产品收购发票的处理

农产品收购发票是企业开给自己来证明自己的进货真实性的发票。农产品收购发票一直以来都是涉票犯罪的重灾区，更是各级税务局严管的票种，税务局监管非常严格。我们参考一下广东省国家税务局的规定，广东省国家税务局公告 2015 年第 14 号《广东省国家税务局关于加强农产品收购发票管理有关问题的公告》，其中：

"三、关于农产品收购发票的管理问题：（一）纳税人应按规定妥善保管与收购农产品业务相关的原始凭证以备查验，如收购农产品的过磅单、入库单、运输专用结算单据、收付款凭证等。"

如果农户不能开具发票给收购者，因为农户没有营业执照也可以销售农产品，更何况这是自产自销的农产品，国家规定是免税的。这个时候，如果要采购农户的产品，然后又要开发票的话，就没有进项发票进行抵扣，要交全额 10% 的增值税。所以，最好要申请农产品收购发票。

申请到农产品收购发票之后，还要统计好每次开具收购发票的发票号，收购农民的名字、收购金额、数量、品种，做好统计，制成一个 Excel 文档。等到年末的时候给国家税务总局检查备用。

另外，对应收购发票的入库单、运费单、银行付款单都要保管好，装订成册，以备检查。如果经常向某个农户进行采购，也要提供这个农户养殖用地的承包合同，税务人员还要入场检查，看看是不是真的有这个农户。

5.7 生鲜电商平台的费用核算

生鲜电商如果是做网络批发平台的，不是做网店的话，这个核算的重点是物流费用和仓储费用，平台、供应商（农民）、消费者的关系，如图 5.4 所示。

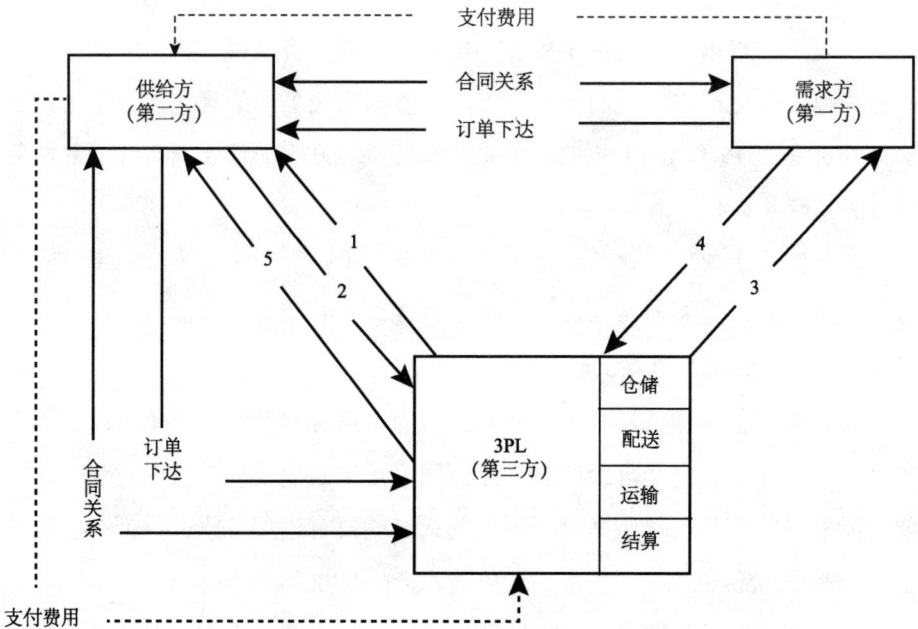

图 5.4 生鲜电商流程图

生鲜电商平台将农民的农产品直接供应给消费者做起来却困难重重。因为平台首先要解决的问题是保鲜，要解决保鲜问题，就要有冷链车和冷库，那么要涉及运费和仓储费这两个项目。

如果这些费用没有发票呢？例如冷链车、冷库都是向私人租的，这样的话，是很难取得发票的。如果不能合法取得发票，这些费用是不能抵减企业所得税的。

还有一个配送问题，涉及工人工资，如果是自己雇人的不用发票，只要有银行流水证明就可以了。如果是向人力资源公司雇用临时工，还需要取得发票。

站在财务的角度来看，除非冷链车是自己的，冷库也是自己的，连工人也是自己的，这样才好抵减企业所得税。但从营运的角度来看，这些需要大量资金投入，对一些资金比较紧张的企业来说，压力是非常大的。

财务要解决这个问题，只有尽量要求运营向一些能提供发票的企业租用保鲜设备，如不能开专用发票，能开普通增值税发票的小企业也是可以的。

题外话：

从 2016 年到 2017 年，倒闭的生鲜电商平台已超过 10 家，原因各有各的不同，但都有一个共同点，就是入不敷出。不过，京东、阿里依然在大量的购买冷链车，建更多的冷库，雇更多的快递员。他们疯了？不是的，他们想通过这个方式缩短消费者的购买距离，打造最快的零售终端，从而抢占更多的市场，拉开与其他竞争对手的距离。毕竟现在已经不是五六年前了，想留住消费者并不容易。

第 6 章

在阿里巴巴开店的核算管理要点

可能很多人都不知道，在淘宝网成立之前，阿里巴巴开业就有一段时间了，是一个典型的B2B贸易平台。阿里巴巴的贸易平台发展到现在，已经有4个网上贸易市场了，它们分别为服务全球进出口商的国际交易市场、集中国内贸易的中国交易市场、促进日本外销及内销的日本交易市场，以及一个专为小买家而设的全球批发交易平台"全球速卖通"。这一章，我主要针对集中国内贸易的阿里中国进行介绍，而阿里国际和"全球速卖通"在第7章进行介绍。

6.1　线上业务要分别核算

如果以前入驻阿里中国（1688.com），开通诚信通需要 3 000 元，现在需要 6 688 元了。如果有自己的工厂，想在网络批发行业发展需要开通诚信通，需要一个营业执照，以及每年按时缴费就可以自动升级。

开通了诚信通之后，只要注册资本超过 50 万元，会有客服推荐开通实力商家服务，它的标识是个牛头，这项服务比较贵。每年女装行业要交 5.8 万元，非女装的要交 2.8 万元，设了这个门槛，对于小微企业的要求就比较高了，如图 6.1 所示。

2018新款夏季连衣裙韩版时

¥170.00　　　　成交353件

图 6.1　阿里实力商家示例界面

之后客服会再推荐开通一个深度验厂服务，要交 8 888 元。如果没有深度验厂，会影响网店的排名，所以这些钱是需要花的，虽然深度验厂，很难反映真实情况，不过，如果没有的话，容易被筛选出来，而且开通后可以获取发票，如图 6.2 所示。

从以上可以得知，大部分入驻阿里中国（1688.com）的商家，基本上是以生产型为主的工厂和公司，而且大多数都有一定的线下业务，站在财务的角度，是不是线上线下的业务统一核算呢？我认为：不是的。

这一点，其实在前文已经提到过，这里再强

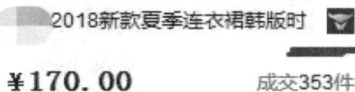

¥49.00　　　　180天成交5112元

厂家直销5级不锈钢丝编织 防切割耐磨带 金属扣铁质金属钢丝手套

图 6.2　阿里深度验厂示例界面

调一下。站在营运部门的角度，线上线下是需要融合在一起的，毕竟现在就算是传统的房地产开发企业，都在做移动业务，更何况是其他行业；但站在财务的角度，线上线下的成本是不一样的，当然要分别核算。虽然运营和财务的角度不同，但这两者是不冲突的。

不少生产型的中小企业，他们的订单都是以线下的大订单为主，线上业务大多数是以展台的形式显示的，所以分别核算更容易得出成本。比起线下业务，线上业务的成本组成会不一样，有时线上业务还会更贵一些。因为线上业务的成本除了产品本身的生产成本之外，还有开通费用、保证金、推广费、物流费、退货保险等。举个例子，商家是做服装业务的，有个代理商做实体店，这个代理商开发了一款服装，如把这款产品在网店上架，那么这款服装的价格一定是高过给代理商的费用。

除此之外，线下业务，多数靠业务员主动联系，所以有业务提成奖金，但线上业务，靠搜索排名吸引访问者，所以不会有业务提成，为了更好地核算业务人员工资，就要分别核算。而且，因为阿里中国 1688 平台可以无缝对接淘宝天猫销售系统，所以铺货方面的成本很少，这也是阿里中国的优势。

因此，线上线下的业务要分别核算，当然，这里的分别核算，不是指分开报税，同一企业，纳税申报是不能分部门的，而是收入、成本、利润等方面要分别核算，只有这样，才能够如实地反映线上业务究竟赚了多少钱，决定是否要继续追加网上投资。

6.2　阿里中国的发票管理

打开 1688.com 的网站导航，里面有一个【1688 卖家工作台】，打开之后，可以看到有一个【开票设置】和【发票设置】选项，单击后，用户就可以自动索取发票了，如图 6.3 所示。

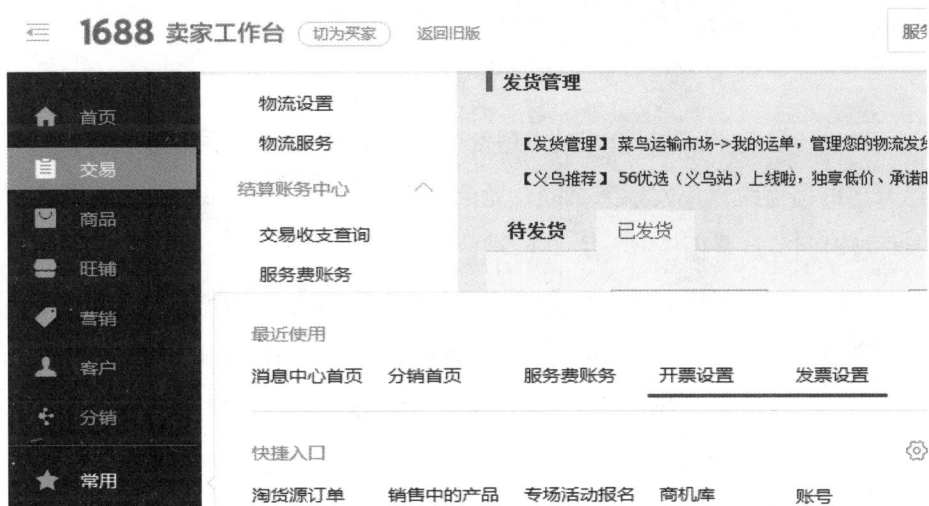

图 6.3　阿里开票示例图

在【开票设置】中，可以选择开具增值税普通发票或增值税专用发票，只要填好单位信息，如发票抬头、纳税人识别号、注册地址等选项，然后在【发票设置】中勾选"支持开具发票"，平台就自动为买家弹出选择索取发票选项，买家可以填写开具发票所需的购货单位信息。这样的话，开票时就不用专门打电话向卖家索取开票资料了。

提示一下，如果买家是选择增值税普通发票的，可以用电子发票的形式发送到买家的旺旺中；如果买家是选择增值税专用发票的，只能打印出来，寄给买家了。

记得提醒买家的增值税专用发票需要在距离开票日期 360 天内认证，逾期未认证发票将无法申请退换发票的。

6.3 增值税专用发票的管理

对生产型企业，估计开出的专用发票会比普通发票要多，如果发生退货，已开出的增值税专用发票怎么办？无论对方有没有进行抵扣，都只能作废。具体按时间节点来操作，方法如下。

方法一：如果没有跨月，去主管税务机关申请出具发票作废证明，传寄给对方单位，对方单位凭该证明向其主管税务机关申请已抵扣发票的冲销；

方法二：如果已经跨月，直接在系统中申请开具红字发票，然后将红字发票两联次传寄给对方单位，由对方做出红字冲销处理；因为对方单位是不能单方面做出转出处理的，所以作废后该发票根本不能作为有效原始凭证入账，必须申报税务机关。

另外，如果发票寄失呢？

作为网商，寄失发票一定会有的，特别是寄到边远的地区，此时，一定要取得快递公司的寄失证明，然后跟客户一起办理发票丢失手续，不然的话，到时刚办好发票丢失手续，转过来快递公司说找到了，这就麻烦了。

现在办理发票丢失手续很简单，只需要将所购专用发票记账联复印件和《丢失增值税专用发票已报税证明单》寄给客户进行认证就可以了，《丢失增值税专用发票已报税证明单》由企业所属的主管税务机关出具，客户凭这个证明可作为增值税进项税额的抵扣凭证，如图 6.4 所示。

附件 1

丢失增值税专用发票已报税证明单

NO.

销售方	名称		购买方	名称			
	纳税人识别号			纳税人识别号			
丢失增值税专用发票	发票代码	发票号码	货物（劳务）名称	单价	数量	金额	税额
报税及纳税申报情况	报税时间： 纳税申报时间： 经办人：　　　负责人：　　　　主管税务机关名称（印章）： 　　　　　　　　　　　年　月　日						
备注							

注：本证明单一式三联；第一联由销售方主管税务机关留存；第二联由销售方留存；第三联由购买方留存。

图 6.4　丢失增值税专用发票已报税证明单

6.4　分销业务的核算处理

阿里中国有一个"一件代发"的业务，简单来说是淘宝网店（分销商）

与阿里巴巴入驻厂商（供应商）达成分销协议后，阿里平台免费为淘宝网店（分销商）提供商品图片等数据包，供应商以分销价格提供给淘宝（分销商）销售，且（供应商）承担相应的售后服务。淘宝掌柜只需将该供应商所提供的商品图片放在自己网店上展示，产生购买后，信息直接发给供应商，由供应商直接发货给买家。

这里的"分销"业务与传统的"经销"业务是不同的。从会计的角度来说，"分销"业务是不需要压货的，即商品的所有权是属于供应商的，而"经销"业务是需要压货的，商品的所有权是属于分销商的，由分销商直接发货给消费者。单纯就"分销"业务来说，1688有几种结算方式，但多数人只用两种，一种是"代销分账"，另一种是"支付宝担保交易"。

"代销分账"模式是消费者直接向分销商购买商品后，分销商不用向供应商垫付货款，消费者收到货物后，系统自动将款项分配给供应商和分销商。如消费者向分销商购买100元商品，支付宝自动将20元给分销商，80元给供应商，如图6.5所示。

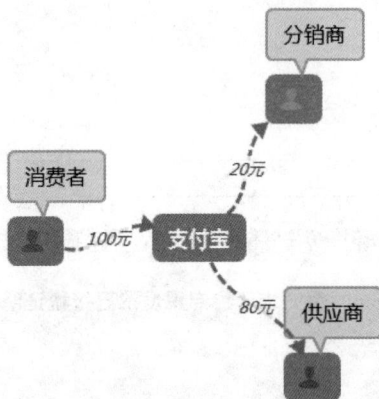

图 6.5 代销分账图 1

"支付宝担保交易"模式是采购单生成后，由分销商付款，付款资金被冻结在支付宝第三方账户中，供应商不能立即收到货款。供应商需要先进行发货操作，待消费者确认收货后，支付宝系统自动将货款实时结算给供应商，如图 6.6 所示。

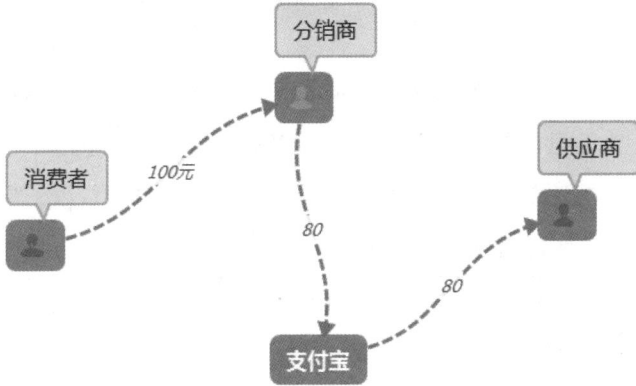

图 6.6　代销分账图 2

虽然"代销分账"和"支付宝担保交易"的现金流有点不一样，但会计分录是可以统一的。例如，有产品成本为 60 元，代销金额为 80 元，按 13% 的增值税税率，会计分录如下：

寄出商品时

借：发出商品——代发商品　　　　　　　　　　　　　　　60

　　贷：库存商品　　　　　　　　　　　　　　　　　　　　　60

收到货款后

借：其他货币资金——支付宝　　　　　　　　　　　　　　80

　　贷：主营业务收入——分销商品　　　　　　　　　　　　71

　　　　应交税金——应交增值税销项税金　　　　　　　　　9

借：主营业务成本　　　　　　　　　　　　　　　　　　　60

　　贷：发出商品——代发商品　　　　　　　　　　　　　　60

该分录与经销业务的区别是没有应收账款，因为货物是直接销售给消费者，所以收到款后可以直接转为收入，如果是经销业务，往来款项是需要通过应收账款来进行核算的。

6.5 阿里贷款的核算

阿里诚信通会员可以在阿里网商贷申请最高 100 万元的信用贷款，月利率为 0.9%，比银行的抵押贷款利率高 0.3% 左右。对于急用钱，但又没有什么抵押的用户，也算是一个融资途径。比起其他的网络贷款，它有一个优点是除了约定的利息费用外，不收取其他费用。不过缺点是，最长还款期只有 24 个月，即两年内要还清。另外，虽然说可以申请最高 100 万元，但老实说，能借出的额度不过是 10 万元左右，所以真的是小额贷款。当然，听客服说过，经常借，同时又按时还的话，放贷的额度会越来越高。

例如：我在 5 月 1 日借了网商贷 10 万元，期限为一年，月利息为 0.9%，等额本金还款，会计分录如下：

借：银行存款　　　　　　　　　　　　　　　　　100 000

　　贷：短期借款——网商贷　　　　　　　　　　　　　　　100 000

到 6 月 1 日，支付等额本金 8 333 元，第一个月利息 1 125 元。

借：短期借款——网商贷　　　　　　　　　　　　8 333

　　财务费用——利息费用　　　　　　　　　　　1 125

　　贷：银行存款　　　　　　　　　　　　　　　　　　　9 458

至 7 月 1 日，支付等额本金 8 333 元，第二个月利息 1 031 元（没错，是这个数，因为用等额本金还款利息在前期比较大，但每月递减）

借：短期借款——网商贷　　　　　　　　　　　　8 333

　　财务费用——利息费用　　　　　　　　　　　1 031

　　贷：银行存款　　　　　　　　　　　　　　　　　　　9 364

这里有一个问题，究竟还款的时候选择"等额本金"还是"等额本息"呢？"等额本息"是指每期本金和利息都是相等的。乍眼看去，好像"等额本金"的利息要高点，其实不是的，两者要还的利息是一样的。在一年期、两年期这些短期贷款，通货膨胀的影响是非常有限的，贷款人无论选择哪一种，利息都是一样的。当然，如果是选择 30 年贷款期限的，考虑到通货膨胀的影响，当然选择"等额本息"会有利一点。毕竟 30 年前的 100 元能买的东西，和现在 100 元买的东西不一样。

特别提醒一下，不要帮朋友在网商贷上借钱，也不要做任何形式的担保，一旦朋友还不上，影响个人征信不说，还经常会接到态度非常恶劣的催收电话。

题外话：

如果信贷提供者觉得你的朋友还款有风险，他们可能会要求你为他提供担保。如果你为朋友签署担保，那么你就被称为这次贷款的"担保人"。当你签署为担保人时，如果你的朋友不能或不会还款，你就有法律责任去偿还全部贷款，而且还必须支付全部费用。

所以，不要做中间人，不要做担保人，更不要做媒人，因为只要做了其中一个，不出事还好，出事了，全是你的责任，搞不好双方都会怪你，甚至遇上官司。

如果真的有一天，你要成为担保人，例如，儿子要买房，女儿要买车等，那么最好看清你的担保协议，有没有固定金额，确认欠了多少钱。有就最好，没有的话就要注意了，因为除了还借款之外，还要还清利息、费用、收费和罚款。

另外，千万不要拿房子做担保，因为这是得不偿失的，房子的担保额只能是市值的七成，如果对方还不上，信贷提供者可以出售该房屋以偿还债务。

总之，就是不要做担保人。

第 7 章

阿里国际的会计核算管理要点

阿里巴巴除了中国站之外，还有一个国际站和全球速卖通。那么国际站和全球速卖通有什么区别呢？通常来说，国际站是典型的批发网站，而速卖通是针对国外网上零售。国际站更多的作用是一个国际展台，给海外企业询盘和供需对接用的，而速卖通是直接卖货给国外个人，多数通过飞机快递过去的。

7.1　有出口退税的可以开通"一达通"

传统的工厂要出口到外国，如果不想自营出口的，都会找出口代理公司通关、结汇、退税，只要支付一定的代理费就可以了。如果在阿里国际上面有网店的，又是生产企业，可以通过阿里巴巴的一达通平台出口的，不收取以上的代理费用。如果想在平台上多曝光自己产品，提高销售排名的话，这是一个不错的选择。

如果是生产型企业，有一般纳税人资格，可以开具增值税专用发票，申请一达通，退税是没有问题的；如果你没有一般纳税人资格，除非用"买单出口"，否则是没有退税的；如果是贸易型企业，暂时不能开通"一达通"。

众所周知，大部分的出口产品，都会有退税的，不过，办理退税所需的资料要齐全，有时人们会觉得操作起来麻烦于是就会催生一些单证公司，承接虚开发票，虚假提单，虚假运单，提供虚假客户等违法业务。让人们可以购买这些单证交给出口公司，出口并骗取退税，叫作"买单出口"。

代理出口业务是合法的，但"买单出口"是违法的。

站在出口公司的角度，如果是为其他没有出口经营权的朋友通关，以自己公司的名义申报出口收入，海关和税务局都会查到。如果能提供正规的增值税发票，而且出口产品也能对得上，但是否能保证这些增值税发票不是虚开的？

有很多个人出口商，他们没办法申请到发票，也没有公司收汇账户，于是向代理出口公司要求"买单出口"，那么这是违法的，罪名是逃税。另外，如果找人开具专用发票，并进行退税的话，违法行为更严重了。出口最好选择正规的代理公司，而且必须是公司对公司，被委托公司必须要开具正规的增值税专用发票，所有的款项都是对公支付。

对于阿里国际的交易，开通"一达通"其实就是用代理出口的形式出口，只是比找一般的出口代理公司收费要便宜，但是，"一达通"的规矩有很多，要求也特别多，而且还不够灵活。

首先，增值税专用发票的抬头是正确的。

其次，报关单上面的提单号与物流公司的追踪号要一致。

再次，要有一整套的资料，包括提货单、拖车单、司机纸、月结单、往来清单、运费发票、报关单等。

因此，对于大单和长期客户，最好用传统代理公司出口，对于小单或需提高销售排名商品，用"一达通"出口。

提醒一下，由于浙江一达通和深圳一达通这两家企业的海关管理类别都不是 A 级，所以受检查的风险比较高。

7.2 出口前要计算好产品的退税额

如果不用代理出口的话，自己出口，定价之前，就要计算一下出口退税的金额了，因为贸易型企业和生产型企业的退税是不同的，贸易型的出口退税是取得增值税专用发票，经认证后相关增值税形成的增值税进项税乘以退税率。

贸易型应收出口退税 = 当月采购形成的增值税进项税 × 退税率。

退税率各个产品是不同，有的是 13%，有的是 5%，可以在网上查一下各产品的退税率。

记得以前有个朋友做出口生意，本来成本 100 万元的商品，采购时开的增值税专用发票，税金为 17 万元。为了打开市场，想薄利多销。于是，他以 105 万元的价格出口，如果按 13% 的退税率，可以赚 1 万元左右的，后来才知道退税率只有 9%，结果亏了 3 万元。

而生产型企业，即工厂之类的，因为有出口，有内销，只能用"免抵退"

计算出口退税的。

（1）免，指出口商品免征增值税。即一般纳税人在内销的时候要缴纳增值税，在外销时则免征增值税。

（2）抵，出口退税可以用于抵减内销产品产生的增值税销项税。

（3）退，指出口商品并实际收取外汇后，按出口退税率计算免抵退税额，并与增值税进项税留抵额比较后得出的出口退税。

原因就是，因为有出口，也有内销，那么就用出口退税抵减内销的应交税金，剩余的就会退还，不过"抵"计算方法比较复杂一点。

举例：某工厂出口销售为 100 万元，国内销售不含税价为 50 万元，采购原材料不含税价 80 万元，增值税率为 16%，出口退税率为 13%，计算当月应收退税。

（1）出口免税，所以国内销售的应交增值税销项税额为 50×16%=8（万元）

（2）采购原材料 80 万元的进项税额为 80×16%=12.8（万元）

（3）免抵退不得免征额 =100×（16% − 13%）=3（万元），因为出口退税率一般低于 16%，所以意味着不能全部退还，于是出现免抵退不得免征额。

计算好上面三个数，就可以计算应收退税了。

进项税额合计为 12.8−3=9.8（万元），内销销项税额为 8 万元。

（1）应纳税额 =8−9.8=−1.8（万元）。如大于应纳税额 0：本期应纳税额（先免再抵不退后交）；小于 0：进入下一步（变成留抵税额）。

（2）当期免抵退税额 =100×13%=13（万元）

（3）期末留抵税额 1.8 万元 < 当期免抵退税额 13 万元，哪个小选哪个，应退税额为 1.8 万元。

简单理解就是为了防止实际退税额大于企业实际进项税额，规定了实际退税额是将留抵（绝对值）与免抵退税额进行比较，取两者中的小者这一规定。

简单理解为：左手去纳税：50×16%-80×16%-3=-7.8（万元）。

右手收退税：100×13%=13（万元）。

左手小于右手，结果是退左手的金额。

实务上，为了便于计算出口退税，很多出口工厂都不会做内销，专一做出口，这样的话，计算出口退税就会比较简单。但在阿里国际，很多公司都有内销业务的，所以会计一定要懂得用"免抵退"计算出口退税，现在出口退税可以在系统上自动计算。

7.3 收汇最好是用公司账户

如果公司出口是自己报关的，就由公司自己收汇。

如果公司是委托"一达通"出口的，则由"一达通"收汇，然后再转账给公司。

但无论以上谁收汇，都要以公司的账户收钱。

因为收汇的银行流水单要与发票一起核对，这是单证收齐的一个重要环节，如果收汇是用个人的账户，那么就违反规定了。

根据《国家外汇管理局关于印发货物贸易外汇管理法规有关问题的通知》中的《货物贸易外汇管理指引》第十四条规定，企业应当按照"谁出口谁收汇、谁进口谁付汇"原则办理贸易外汇收支业务。即只有出口报关单上的经营单位所显示的公司（2016年3月30号开始改为收发货人显示的公司）才有资格收汇。

如果没有办法用公司账户收汇，只能收现金呢？收现金也是允许的，要证明现金来源合法，同时也要证明对方没有银行，然后带着现金去银行结汇。

如果是个人收汇的话，是不能收到退税的，毕竟退税的主体都是公司。

如果不收退税，用个人账户能不能收汇呢？严格来说是可以的。

按照居民个人国际汇入汇款的规定，"国家对个人结汇实行年度总额管理，年度总额分别为每人每年等值 5 万美元。个人提取外币现钞当日累计等值 1 万美元以下（含）的，可以在银行直接办理；超过上述金额的，凭本人有效身份证件、提钞用途证明等材料向银行所在地外汇局事前报备。银行凭本人有效身份证件和经外汇局签章的《提取外币现钞备案表》为个人办理提取外币现钞手续"。

如果一次收汇超过 3 000 美元，还需要收款人办理国际收支申报手续。另外，个人收汇这个业务越来越严格了，如果汇款时没有选择境外劳务收入，选择了其他的理由，是不能结汇的。

7.4　出口运费要如何计算

有些商品在阿里国际的报价，其运费是包含在货款内的，这个其实是不好的，因为计算退税的时候是用 FOB 价的，即离岸价，是不含运费的。而且，为了避开退运费这些麻烦事，最好出口前事先收运费，不然一来一回的运费是非常贵的，那么运费又是如何计算的呢？

如果是代理出口的，是不用计算的，代理公司会发送一个总价，到时注意收发票就行了。

如果是自营出口的可以选择货运代理或者自己懂得如何计算。

首先问清楚国外客户要运到哪里，哪个港口收货，这个是最重要的，因为每个港口都不一样的，有些港口不接受到付，有些港口不接受多收，对外包装也有不同的要求。

然后，选择不同的集装箱。集装箱一般有 20GP、40GP、40HC 这三种，意思是 20 尺普通柜、40 尺普通柜和 40 尺高柜。容量越大，金额越贵。目前，集装箱货物海上运价体系基本上分为两个大类，一类是拼柜的运费计算方法，即以每吨运费为单位（俗称散货价），另一类是以每个集装箱为计费单位（俗称包箱价）。

剩下的就是杂费，如燃油附加费、转船附加费、超大附加费、港口拥挤附加费等，每艘船收取的费用不一样。

很多做阿里工作的中小公司，经常用拼柜的形式出口，即由于货量比较小，装不满一个集装箱，于是只租用某个集装箱的某个空间。而计算拼柜的运费是以运费吨为计算基础的，这里的运费吨就是在运输中以"吨"作为计量单位来计量运费的一种方式。这里的"吨"只是一个计费标志，这个运费吨有时是重量单位，有时是体积单位。在货物的实际运输过程中要采用运费吨中的哪种计费标准主要取决于质量和体积哪个比较大。

基准运费吨为：1 质量吨 =1 立方米 =1 运费吨。

若货物 1 质量吨大于 1 立方米，按照质量来计费。

若货物 1 立方米大于 1 质量吨，按 1 立方米计费。

举一个例子：从我国大连运往某港口一批货物，计收运费标准为运费吨，共 200 箱，每箱毛重 30 千克，每箱体积长 49 厘米、宽 32 厘米、高 19 厘米，基本运费率每运费吨 60 美元，特殊燃油附加费率为 5%，港口拥挤费为 10%，试计算 200 箱应付多少运费？

解：W = 30 千克 = 0.03（运费吨）

M = 0.49×0.32×0.19=0.029 792（运费吨）

因为 W>M，所以按质量吨作为计算运费的标准。

运费 = 基本运费 ×（1 ＋附加运费）× 运费吨 = 60×（1+5%+10%）×（200×0.03）=414（美元）

故 200 箱应付运费 414 美元。

在现实中，很多公司都不会自己承担运费，会让客户在下订单前，预付运费。因此，建议最好将运费单独列出来，单独计算。

分录如下：借：销售费用——运费

贷：应收账款——×× 客户

特别提醒一下，国际运输服务是适用零税率增值税的。《财政部 国家税务总局关于全面推开营业税改征增值税方式点的通知》（财税〔2016〕36 号）附件四第三条法规规定：境内的单位和个人向境内单位或个人提供期租、湿租服务，如果承租方利用租赁的交通工具向其他单位或个人提供国际运输服务和港澳台运输服务，由承租方适用增值税零税率。境内的单位或个人向境外单位或个人提供期租、湿租服务，由出租方适用增值税零税率。

境内单位和个人以无运输工具承运方式提供的国际运输服务，由境内实际承运人适用增值税零税率；无运输工具承运业务的经营者适用增值税免税政策。对于物流业务，会在后面内容中做一个详细的介绍。

7.5　信用保障订单的核算

2015 年，阿里国际推出了一个比较特别的担保交易服务，叫作信用保障服务，由阿里巴巴国际用独特专属标识及信用保障额度在平台上展示卖家的信用，买家可以通过信用额度直观看到卖家的信用，帮助买卖双方解决交易过程中的信任问题。其发起的订单叫作信用保障订单，如图 7.1 所示。

实际上，它是买卖双方线上确认 + 香港花旗银行托收服务 + 一达通出口的打包服务。过程比较简单，和一般的网上交易一样。其中比较特别的是，以信用保障服务收汇账户，订单生成时自动生成的 1029 开头的花旗银行专用账号，一个买家对应一个账户；买家不同，账户不一样。当钱到账后卖家可以通过一达通后台提取款项。

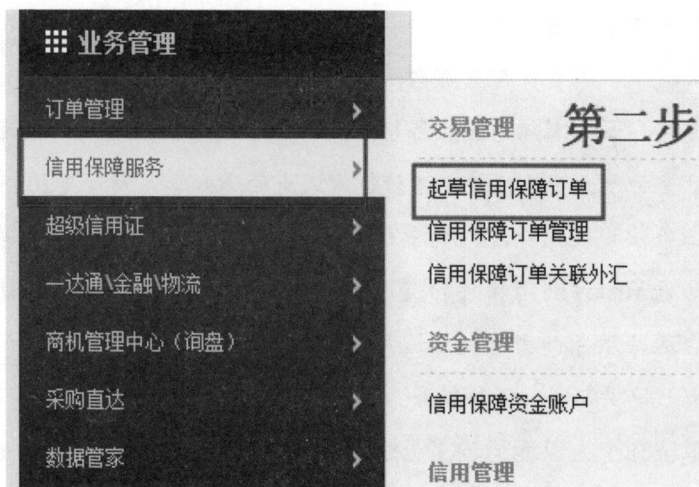

图 7.1　信用保障订单界面

另外值得注意的是，线上起草合同时有两个不同的保障条款，一个是保发货前，即发货后就可以确认收款；另一个是保收货后，即买家确认收货后就可以确认收款。我认为，最好是采用保发货前的保障条款，这样可以快点收款，而且就算运输中出现纠纷，也不会影响资金。

按会计准则，合同订单一经确认便生效，无论是否收到款项，就要确认收入。但实际工作中不是这样的，要收到出口报关单，货物才从海关出口，再确认收入。因为方便确认纳税申报，虽然出口是免增值税的，但是要开具出口发票，此时，申报系统是要确认收入的，为了避免申报表时间与会计报表的不一致，所以是以报关后出口时间作为确认收入的时间。

题外话：

经常有朋友反映信用保障订单不好做，因为他们收到的很多都是国外买家发起的信用保障合同，其条款上注明国外买家确认收货后国内卖家才能收款。这个要小心了，因为有不少国外买家会利用此款来诈骗。例如：公司是出口机械类的商品，运费非常高，到港后，国外买家以"如果货物的包装问题，货物的运输问题，不确认收货"为由，威胁退款，向阿里国际提出商业纠纷，这样要去国外确认，所花的时间太长，而且责任的认定困难。这个时候，卖家为了尽可能收到货款，不得不亏本销售。

第 8 章

跨境进口商品的核算管理要点

由于很多人在网上购买海外的产品，如进口奶粉和纸尿裤，于是催生了很多海外代购，如留学生代购、空姐代购等。其实，国内也有一些公司从事进口业务，也可以通过网购保税进口业务来销售进口产品给个人（B2C）。当然前提条件是，你有租用保税仓或保税物流中心。

　　我国近来对跨境进口电商出台了很多利好政策，如自 2017 年 12 月 1 日起，我国将对部分消费品进口关税进行调整，其中婴儿奶粉、尿片的进口暂定税率降至零。这样以前一些从事传统进口业务的贸易公司也开始转战跨境电商平台。

　　那么，为什么前提条件是企业要有保税仓或保税物流中心呢？因为货物进口之后，海关会划定一个封闭式区域进行监管，进口的货物会在第一时间运到保税区，再由保税区运往国内的其他地方，视同进口。但如果货物在保税区内进行交易，是免增值税和关税的，除此之外，保税区的仓库租金比较便宜，运输也比较方便，如图 8.1 所示。

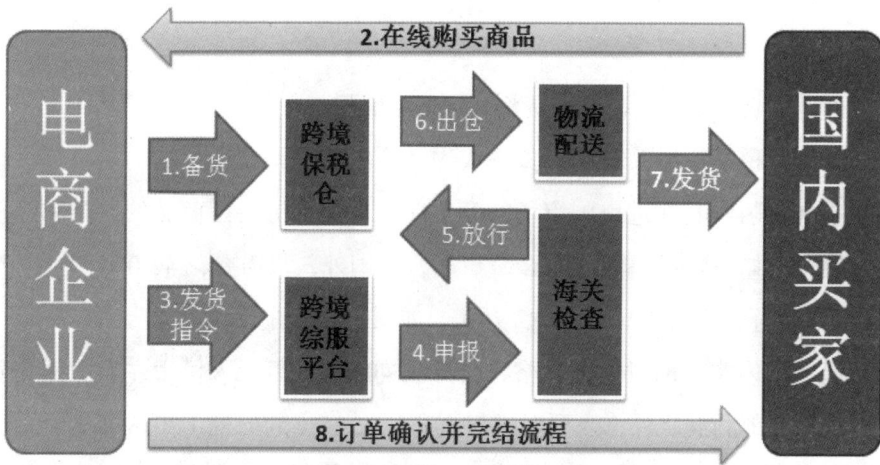

图 8.1　跨境电商在保税仓的交易流程

　　从税收的角度来看，保税区等同于一个"海外仓库"。举个例，公司采购了一批纸尿裤，从日本运到我国香港，然后再从香港装车，并施封电子锁，经深圳口岸运到某个保税物流中心，这个时候，公司是不用交税的。在保税物流中心完成理货、分拣再存储到保税仓，这个过程也是不用交税的，就算在保税区内将货物销售给保税区内的企业，同样也是免税的。

如果公司是直接用空运从海外发货的呢？不经过保税区，货物直接清关，这样时间比较长，最快也要 15 天。但这样寄运的货物会受到很多限制，而且，国际快递方面的赔付最高才 100 美元。如果是商品价值不高，而且体积较小、较轻，采用这种进口方式是较为省事的。

当然，除了以上两种之外，也有其他的进口方式，但不适合零售，适合批发。而且从消费者的角度来看，认为保税仓和海外空运直邮买到真货的机会比较高。

8.1　进口税收的计算

进口税收主要有关税、消费税和进口增值税。

进口关税是指海关对进口货物或物品征收的一种税，其目的是增加进口货物成本，削弱其在进口国市场的竞争能力，保护进口国商品的生产和经济的发展。例如，要买一辆奔驰 C 级汽车，在国外，只需要花 42 000 美元，按汇率 7.1 计算，折合人民币 29.82 万元，如图 8.2 和图 8.3 所示。

但在国内购买的时候，价格将会涨到 40 至 50 万元人民币左右。因为除了有进口商的利润之外，还要对进口汽车征收 25% 的关税（2018 年 5 月前关税税率为 25%）、9% 的消费税和 3% 的进口增值税。

图 8.2　国外汽车推销界面示例

图 8.3　国内汽车推销界面示例

税费计算方法如下所示。

关税 = 完税价格 × 关税税率

$$消费税 = \frac{（完税价格 + 关税）}{1 - 消费税税率} × 消费税税率$$

增值税 =（完税价格 + 关税 + 消费税）× 增值税税率

以上面的奔驰 C 级为例，4.1 万美元交易，按 2018 年 7 月汇率 6.66 计算，进口的完税价格为 28 万元人民币，按 15% 的关税税率，关税为 4.2 万元。按 9% 的消费税税率，消费税为 3.18 万元，按 16% 的增值税税率，增值税为 5.66 万元。所有税费合计为 13 万元。再加上进口车价 28 万元，合计 41 万元。如果每辆车要赚 9 万元左右，那么定价要 50 万元。

但如果是进口奶粉和纸尿裤呢？由于有优惠政策，关税为 0，消费税为 0，那么只交 13% 的进口增值税，即进口 1 000 元的奶粉，只需要交 113 元的增值税。

8.2 保税区内交易的会计核算

保税区等同于一个"海外仓库"，而增值税的征税范围是在中华人民共和国境内发生的销售货物和提供应税劳务。因此区内企业不用交增值税。关税，区内企业一般情况下也不用交。

如果货物离开保税区进入了国内市场，需要缴纳进口关税和增值税，区别只是在于这个税由谁来交。一般来说，如果货物卖给国内客户，那就是国内客户交。如果这些货物没有离开保税区，而是再出口的话，就不用缴进口关税和进口增值税。

某些跨境电商，会在保税区内设立公司。一是，仓库租金较为便宜；二是，物流较为方便；三是，货源较为充足，即可以在保税区内向特约经销商直接采购。为什么这样说呢？大多数的知名国际品牌，会在某个国家有特约经销商，这些经销商大部分在保税区内设点办公，方便出货。

　　保税区内交易的核算，主要看货物由谁负责向海关申报了，如果是你公司准备将进口货物带离保税区并负责申报进口的，当收到《海关进口增值税专用缴款书》（如图 8.4 所示）时，确认进口货物的税金成本。

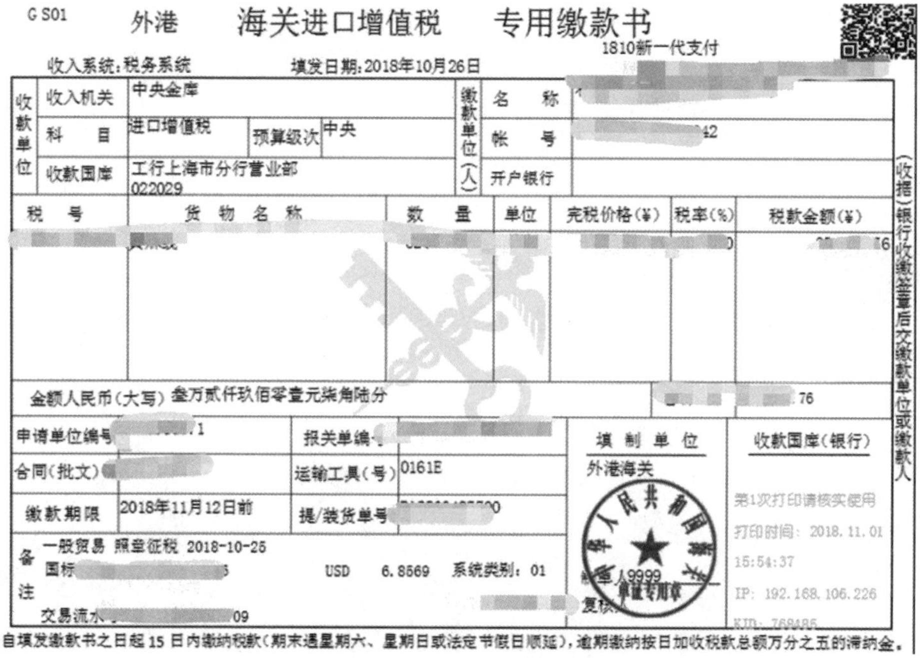

图 8.4　海关进口增值税缴款书

第一笔分录为：

借：库存商品（关税＋消费税）

　　应交税费——应交增值税－进项税额

　　贷：银行存款

第二笔分录，确认进口货物成本

借：库存商品（进口商品交易价格）

　　　　贷：应付账款——保税区内某供应商

进口货物所发生的费用和关税等计入进口货物的成本，另外，进口商品是在保税区内交易的，所以交易价格会另做一笔分录。

如果你是转卖给保税区内其他客户的，更简单。

　　借：应收账款——某保税区客户

　　　　贷：主营业务收入

　　借：主营业务成本

　　　　贷：库存商品（进口商品交易价格）

这就可以了，不用做应交税金的分录。

另外，有个值得注意的问题，如果公司在保税区内，但要向保税区外的公司采购某些东西进行加工呢？例如：向保税区外的纸箱厂采购纸箱一批，用于包装进口货物。这个是真实的案例，在我国，进口货物内销时如果没有中文标识是违法的。

　　借：库存商品——包装物

　　　　应交税金——应交增值税进项税金

　　　　贷：应付账款

因为包装物是运到保税区内，但最后没有出口，依然会在国内销售，所以按内销处理，但如果保税区内的包装物出口到境外，符合条件的可以办理出口退税。

8.3　海外直邮的会计核算

如果公司没有在保税区内，但又要做进口零售业务，可以通过海外直邮将产品直接寄到客户手中。

简单说，就是电商企业采购阶段无须预备货，只需要根据订购人实际产生的订单在海外进行货物的采购，通过飞机运到中国，海关通关后，再寄给个人。订购人为纳税义务人，而电商企业为代收代缴义务人，代为履行纳税义务，如图 8.5 所示。

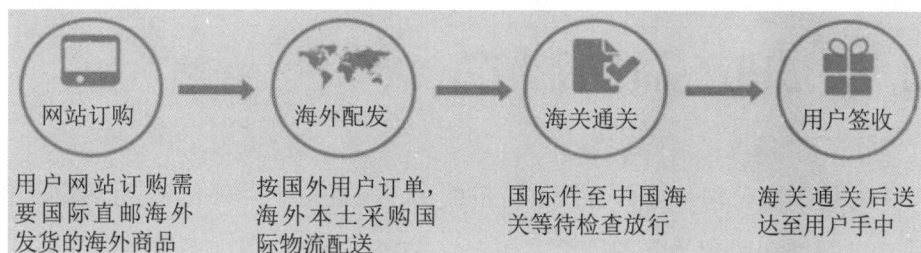

图 8.5 海外直邮流程

这里要注意的是，订购人单次 2 000 元以内的商品是免关税的，增值税按70% 来征收。当然，无限次是不行的，年度累计超过 2 万元后，订购人要全额缴税了。所以，如果订购人经常海外直邮的，最好算一下是否超标，如果超标，需要提供其家人的身份证。

例如客户从跨境网店中订购了一款 100 元的婴儿纸尿裤，关税为 0，增值税税率为 13%，按 70% 来征收。客户共付款 111.20 元。会计分录如下：

借：银行存款 100

  贷：主营业务收入——婴儿纸尿裤 100

收到代缴税款后

借：银行存款 9.10

  贷：其他应付款——代缴跨境税款 9.10

缴纳税款

借：其他应付款——代缴跨境税款 9.10

  贷：银行存款 9.10

由于电商企业是代缴义务人，所以不用通过应交税金来核算。

如果是个人直接用 DHL、EMS 等或其他邮政清关渠道向国外采购的话，如果被抽中检查，就要交行邮税了。行邮税税率根据品类分为 15%、30%、60% 三档，50 元以下免征。

8.4 进口产品的外汇结算

跨境电商公司如果自身没有现汇的话，在进口中对外付款只能是购汇了，如果是一般贸易下的购汇，如支付货款、劳务费等，不需要国家外汇管理局的证明，直接用企业自有资金购汇即可；如果是资本金项下购汇，如购买外国证券，投资股市等项目，需要提供国家外汇管理局出示的资本金购汇证明。

对于跨境电商来说，国外的支付环境与国内是不一样的，在国外最常用的支付手段是信用卡，外国人网络购买商品，多数都以信用卡支付。当然，国外也有第三方平台，如 PayPal，但不是所有网站都能接受，毕竟 PayPal 受限制比较多，而且手续费高，特别是跨国交易，手续费高达 4.4%。所以，如果是公司，向外国采购产品时，推荐用企业商务卡支付，公司账户是可以开信用卡的，叫作公司卡或者商务卡，一般具有双币种、全球通用的特点，也就是说持卡人可在境外消费，回国后用人民币还款，这就免去了货币兑换的烦琐，节省时间。另外，海外消费，可以用信用卡返利，也就是海淘返利。例如，在某个网站消费满 150 美元免直邮运费，或返还现金 10 美元等。

相对某些大的进口贸易公司，小公司更会充分利用返利消费去减少进货成本。另外，也会利用外国的转运公司，尽量争取退税。

所谓的转运公司，其实就是国外的某个仓库，在海外替你签收货物，并将货物用 EMS 或 DHL 发回国内。假设，公司通过美国亚马逊购买了 10 件衣服，如果收货地址写直邮到中国，费用会非常高，但如果收货地址写旧金山的某个转运公司，然后再由转运公司将多个不同货物合并成一个包裹寄回国内，价格就相对低廉很多。而且转运公司还可以利用网购货物的商业发票在美国当地申请退税，再将退税汇给公司。

如果是大公司，经常用集装箱采购的话，用信用卡支付就不行了，这个时候，需要到银行购买外汇，然后用电汇的形式转账到国外公司银行。当然，这个过程会产生汇兑损益。

1. 购汇时

借：银行存款（外币，按照记账汇率计算人民币数字）

财务费用（借贷方差额，如借方大于贷方，为汇兑收益，用红字，如借方小于贷方，为汇兑损失，用蓝字）

　　贷：银行存款（人民币，实际购汇的数字）

2. 支付时

借：应付账款（外币）

　　贷：银行存款（外币）

不过，如果采购的公司能接受人民币结算的话，不用购汇也可以的。

题外话：

我不做海淘已经很多年了，从没有信用卡到注册 PayPal，从查找词典去下单到一键翻译，从直邮到转运公司，中间的过程磕磕碰碰。不过，最大的问题是没怎么赚到钱。可能是我没有去做什么宣传，毕竟工作又很忙。在国外购物，真的一点也比不上国内方便。

国外的物流非常慢。我们这里一般都会 24 小时内发货吧。在国外星期一下单，星期五才发货，而且不包邮。我可以很负责地说一句，除了关税等因素，国内的网购体验才是世界第一的。

第9章

跨境零售出口商品的核算管理要点

　　除了国人在国外的网站买东西之外，外国人也会在我国的网站采购我国的商品。近年来，由于我国退税政策的利好，于是有一批专门针对海外市场以 B2C 形式进行在线销售的电商公司成立了。这些企业，除了全球速卖通的本地平台之外，也有在美国亚马逊、英国 eBay、Wish 等海外注册的平台，将我国的产品零售到世界各地。

互联网电商的先驱是美国亚马逊，互联网支付的先行者是 PayPal。但是，美国亚马逊是拒绝 PayPal 支付的，所以支付环境与国内的不一样。另外，外国消费者最常用的支付手段是国际信用卡。那么问题来了，我们如何收到外国人的款项呢？

9.1 汇款方法

汇款方法如下。

（1）目前香港渣打银行优先理财户是可以直接到渣打中国各分行提领人民币现钞，但是一天限制 5 000 美元，且必须要本人亲自去香港进行开户。对个人来说，如果利润不多的话，可以用这种形式将钱汇到内地。

（2）找一家相熟的出口公司，然后将外币电汇到这家公司的账户上，然后请这家公司用其他私人账户汇给你。

（3）开通国际信用卡收款通道。如申请带有 VISA、 Master 等标志的信用卡，顺便开通国际信用卡收款通道。其实就是绑定自己的国内银行账户，让国外消费者以信用卡支付。不过支付额度要受到中国外汇管理条例的限制，个人一年最多只能收汇 5 万美元，尤其是做小单外贸的朋友经常在收款这个环节被卡，资金不能及时到位。

（4）开通 PayPal、Payoneer、PingPong、Yandex 等国外第三方支付平台，利用平台收钱，然后再提现到国内银行，但手续费比较高。

不过，如果想参与国外零售的话，还是要注册一家外贸公司。第一，公司不受收汇限制；第二，申请退税也方便，就算不要退税，开设离岸银行账户也方便；第三，申请外国网店也容易一些。

9.2 零售也能退税

2014 年，国家税务总局出台了《关于外贸综合服务企业出口货物退（免）税有关问题的公告》，公告中允许外贸综服企业代办出口退税业务。2017 年，国家税务总局发布《关于调整完善外贸综合服务企业办理出口货物退（免）税有关事项的公告》，明确外贸综服企业代办退税备案、开具代办退税发票、申报办理退税等各个环节。这个公告出台之后，阿里巴巴的全球速卖通 AliExpress.com、一达通、中港通等马上推出为生产型的企业提供出口退税业务，当然，好与不好另说，毕竟出口退税是专业化的工作。

如果企业是生产型的企业，主要业务是内销，但想试水出口业务，同时又不想请报关员、跟单员，可以找一些外贸综合服务企业帮忙代理出口。

如果企业是贸易流通型企业，要找到产品的供应商开具专用发票，而且这个供应商必须是生产型企业。另外，我个人不建议找零售业务型企业，出口代理公司或自己办个自营出口企业更省事。

如果你是个人，而且又是零售业务，想享受出口退税的话，还是很难的。

因为按照 2017 年《关于调整完善外贸综合服务企业办理出口货物退（免）税有关事项的公告》的要求，①能开具增值税专用发票（个人是不能开具增值税专用发票的）。②能提供与外国人签订的合同。③出口货物为自产货物或视同自产货物。

不过，如果零售的货物价格非常高，例如，一件要几万元的，以上三点都可以由外贸综合服务企业帮忙办理，但收费都不低。不过，如果公司是在前海合作区、上海、杭州、东莞等地，有跨境电商产业园的地区，可以试试9610 出口报关模式。海关 9610 模式就是卖家在平台上卖东西给国外买家之后，将平台上的数据，包括物流数据发给海关，进行通关申报，然后再拿增值税发票进行退税。不过，企业有增值税专用发票的可以办理退税，如没有的话，只能办理出口免税。

最后，说一下收退税前要做的分录，销售时，除了做销售分录之外，还要做如下分录：

借：应收补贴款——出口退税（应退税额）

　　贷：应交税金——应交增值税——出口退税（应退税额）

收到退税款后：

借：银行存款

　　贷：应收补贴款——出口退税

9.3　注意出口产品的定价

如果公司在国外的网络平台上架售货，就要考虑一下税金的问题。因为每个国家的税收是不一样的，要将货物寄到外国消费者手中，就要好好考虑货物的定价，如果价格定得太低，可能会亏损。

每个国家的进口关税是不一样的，而且关税也不是一成不变的，是随着国家税率的改变而改变的。另外，货物的成分不一样，关税也不一样，如出口到美国的成衣，棉质的关税为 16.5%，麻料为 2.8%，桑蚕丝为 1.1%，而人造丝为 32%。具体的可以在 https://hts.usitc.gov/ 查询。

除了各国进口关税之外，外国的税收法律也不一样，如美国的销售税（sales tax），除了阿拉斯加州、特拉华州、蒙大拿州、新罕布什尔州和俄勒冈州这五个州之外，其他的州都要交销售税，销售税的计算方法是将购买价格乘以适用税率。税率因各州而异，范围从不到 1% 到超过 10%。销售税由卖方在销售时收取。就算是互联网上经营的非实体店铺，也一样要被征收销售税。

2018 年 6 月，美国正式对互联网零售商收取销售税，如果在亚马逊开店，销售化妆品，销售超过 200 件并超过 2 万美元，就要被征收销售税了。当然，不用到税务局交税，亚马逊会将申报表寄过来。下面是节选亚马逊给第三方销售者关于税金的信：

"For the 2016 tax year, if you had more than \$20,000 in unadjusted gross sales and more than 200 transactions, a Form 1099-K is now available for download in your seller account. If you did not meet both of these thresholds, you will not receive a Form 1099-K."

这里补充一下，到美国亚马逊开店并不复杂，但要申请一个税号，如果是中国公司，即使在美国没有雇人，可以申请 EIN 作为税号（EIN = Employer Identification Number）。

如果是做德、法国等的亚马逊，就要关心一下欧盟的 VAT（增值税）了，非常高，达到 15%~20%。例如，在德国亚马逊有 FBA 仓库的，德国亚马逊会要求注册一个 VAT 账号进行申报。如果不申报，会收到这样的一封信，如图 9.1 所示。

你好，

我们收到了德国税务部门的通知，表明您目前在德国不符合增值税要求。亚马逊的卖家必须遵守所有适用的法律和法规。

因此，您可能不再在www.amazon.de上出售。如果您在亚马逊销售付款账户中有资金，他们也需要被亚马逊Payments Europe S.C.A扣留。根据德国税务部门的指示。一旦德国税务部门确认您在德国符合增值税要求，该资金即可提供。

我们将在德国的执行中心阻止您的FBA库存，直到德国税务部门确认您在德国符合增值税要求，因此您将无法删除此库存。此外，您可能不再愿意在任何亚马逊的欧洲市场上将商品运送到德国。您也可能不再使用我们的FBA服务将物品运送到德国。您的送货选项将受到相应的限制。

图 9.1 亚马逊邮件图

如果是通过海外直邮等的方式发货的话，年交易额超过 10 万欧元，也需要申报和缴税。如果不缴的话，亚马逊会封号、冻结资金。国外对税收管理得非常严格。对此，在出口的时候，要计算清楚预计缴纳的税金，以便核算销售成本。

一般来说，中国企业支付海外税金这种分录是比较少见的，具体如下：

借：销售费用——境外税金

　　贷：应付账款——境外税金

支付时：

借：应付账款——境外税金

　　贷：银行存款——境外存款

特别提醒一下，这个"销售费用——境外税金"其实是可以抵扣我国的企业所得税的。过去可能不行，因为《中华人民共和国税收征收管理法》规定要符合规定的发票才可以抵扣企业所得税，但 2018 年 6 月 6 日国家税务总局发布 2018 年第 28 号公告《企业所得税税前扣除凭证管理办法》第十一条规定：企业从境外购进货物或者劳务发生的支出，以对方开具的发票或者具有发票性质的收款凭证、相关税费缴纳凭证作为税前扣除凭证。也就是说，境外税金也可以进行抵扣了。

9.4　海外网购平台的佣金

与淘宝不一样，很多海外网购平台都要收佣金的，即公司的产品在平台上架，销售成功后，平台按销售价格的百分之几收取佣金，作为平台的服务收入。

亚马逊的佣金按货物的类别有所差异，如书的佣金为 15%，而手机的佣金为 8%，而且还设有最低佣金，如美国亚马逊的最低佣金为 1 美元。所以如果产品定价是低于 1 美元的，估计会越卖越亏。所以在设定销售价格前，一定要认清楚销售商品的佣金，因为是要冲减销售收入的。

Wish 的佣金是 15%，不按品种。

eBay 的佣金是 10%，但是，如果用其下属的 PayPal 提现的话，要收取 5% 的手续费。

有些平台的佣金是比较便宜的，如一些东南亚网购平台、东欧网购平台，它们的佣金是 5% 左右。

对于会计来说，平台收取了佣金之后，记得要取得发票。例如，中国亚马逊是可以开具增值税发票的，只要佣金超过 1 万元，亚马逊都可以开具增值税发票。假设，一家中国公司，在亚马逊开店，这个月销售了 100 万元，要支付 15 万元佣金，分录如下：

借：银行存款——外币存款 85

其他应付款——亚马逊佣金 15

贷：主营业务收入 86.2

应交增值税——销项税金 13.8

收到佣金发票后，分录如下：

借：销售费用——佣金 12.93

应交增值税——进项税金 2.07

贷：其他应付款——亚马逊佣金 15

如果佣金的发票是国外开具的，按规定也可以作为税前扣除凭证抵扣企业所得税。

9.5 亚马逊的 FBA 和第三方海外仓

FBA 是 Fulfillment by Amazon 的简称，中文意思为"由亚马逊完成"，即由亚马逊仓库提供的代发货业务。FBA 有点类似于京东，只不过，京东无论是自营的还是非自营的，都只能由京东物流发货。不过 FBA 收费太贵了，成本太高了，除非利润很高，否则做着不划算。

而 FBA 仓储费用主要有以下几个，如图 9.2 所示。

北美亚马逊物流（FBA）收费标准表

Product Size Tier 产品尺寸			Dimension 尺寸 inch 英寸	Weight 包装后重量	Order Handling / order 订单处理费（每个订单）	Pick & Pack / unit 取件和包装费（每件商品）	Weight Handling / per lb 首重和续重 / 磅
Standard Size 标准尺寸	Small Standard Size 小号标准尺寸		15 X 12 X 0.75	12 oz	$1.00	non-apparel: $1.06 apparel: $1.46	$0.47
	Large Standard Size 大号标准尺寸	1 lb	18 X 14 X 8	20 lb	$1.00	non-apparel: $1.06 apparel: $1.46	$0.82
		2 lb					$1.66
		> 2 lb					$1.66+$0.35/lb above the first 2 lb

图 9.2　亚马逊 FBA 收费标准界面

（1）订单处理费（每笔订单 1 美元）。

（2）打包费（每打包一次 1 美元）。

（3）称重费（每磅 0.47 美元）。

（4）仓储费 10~12 月每立方英尺 2.25 美元，1~10 月每立方英尺 0.54 美元。

（5）售价大于 299 美元以上的，（1），（2），（3）项全免，只收仓储费。

另外，每年两次征收长期仓储费，针对的是在 FBA 堆积了 6 个月和 12 个月的物品，如图 9.3 所示。

库存清点日	受影响的库存	长期仓储费（每立方英尺）
2 月 15 日和 8 月 15 日	商品在运营中心存放了 6 到 12 个月	11.25 美元
2 月 15 日和 8 月 15 日	商品在运营中心存放了 12 个月或更长时间	22.50 美元

图 9.3　亚马逊 FBA 仓储费界面

而在欧洲，从 2017 年 8 月 15 日起，亚马逊将对储存时间达 6~12 个月的商品，每立方米征收 500 欧元的半年长期仓储费，而储存时间超过 12 个月的商品，每立方米将征收 1 000 欧元的长期仓储费。

如果商品竞争力不好，又或者没有一定的利润，用 FBA 的话会容易亏损。

但如果利润够，而且有一定销量的话，用 FBA 是一个非常省时省力的办法，因为只需要注意补货，其他配送物流会由亚马逊自动完成。

除了亚马逊的 FBA 之外，也可以选择第三方海外仓配送，即由它们可以一件代发。不过，仓储费也不便宜，只比 FBA 便宜一点，但也会出一些小问题，如发错货、漏发货、入库长、出库慢等。

国内网店的卖家，很多都有海量铺货的习惯，反正货都在自己的仓库，出货慢或者快，都不产生额外的仓储费用。但是做第三方海外仓，货物的仓储费不是固定的，而是变动的，所以一定要发掘热卖产品，切忌盲目铺货。如果发现有产品到了海外后，销售情况不如预期，可以尝试降价打折。实在是没有起色，马上及时处理。

根据会计准则规定，这些商品存储费用是不能算入商品成本中的，一般归到销售费用中去。而从税收征管的角度来看，这些费用由于产生在国外，是不可能有中国发票的。不建议以公司的名义与中国亚马逊签订 FBA 合同，因为据《营业税改征增值税试点实施办法》（财税〔2016〕36 号）和《中华人民共和国企业所得税法实施条例》，如果这些费用的发生地在国内，公司是要代扣代缴增值税和企业所得税的。

下面再重点说一下关于亚马逊 FBA 的库存管理。

9.6　自己做海外仓或租别人的海外仓

海外仓是先把货物运往海外某个仓库暂存，然后根据国外买家的网上订单进行派送。这样既提高了时效，而且不会丢失包裹，对大卖家来说，可以建个海外仓，下面介绍如何在美国建一个小型海外仓。

第一，找一个免税的州，交通要方便。

第二，租一个 300 平方米的房子，能通水通电。

第三，有一个海外合作者，或者一个律师，帮忙处理税务和法务。

第四，请一个人做发货、收货、退货、贴标、盘点工作。

做海外仓库对大卖家是比较有利的，虽然成本是高一些，但能够提高好评度，而且没有爆仓的风险，所谓的爆仓，就像国内"双十一"一样，销售旺季时，电商平台的仓库已满，货物想进入仓库存放，基本上已经不可能了。这对于已经卖断货急需补货的卖家来说，确实是个致命的打击。而拥有自己的一个海外仓库，就可以在别人不能发货的时候，仍然可以发货。

而建立一个海外仓虽然比较容易，但运营起来却不是一件简单的事。

建海外仓最重要的一个功能是清关。而清关除了交关税之外，还会面临非常繁杂的清关手续。例如，要提供复杂的资料，又或者限制办理时间，如将应季服装卡着，等换季的时候再放出来，就会失去竞争力。

建议找一个当地的税务师来帮忙，这样的话，清关的程序可能会快一点。

由于海外仓库的费用是出口后的费用，发生地全是在境外，所以在国内是不用缴税的。建议有条件的话，在国外成立一家外国公司，以公司名义来经营海外仓，如果运作好的话，可以用来做出口退税。

举一个例子，在国内有一家公司 A，然后在美国免税州成立了一家公司 B 专门用来做海外仓。那么产品出口报关时，报关单上的收货单位上填写 B 公司。

另一边，以 B 公司的名义去申请美国亚马逊网店，由于 B 公司是美国公司，申请很快就会得到批准，然后以 B 公司的名义上架销售商品，并收取货款。

最后，B 公司将收到的货款通过跨境电汇的形式汇到 A 公司的中国账户内，A 公司结汇后，拿着结汇单、报关单、发票、合同等申请出口退税。

另外，由于 B 公司位于免税州，所以没有销售税，当然在免税州发货到其他非免税州，只要不超过限额，也不用缴纳销售税。

以上是自建海外仓的操作，如果是租别人的海外仓呢？

香港就有很多针对跨境电商的海外仓。通常来说，可以帮忙报关，中港提货，一件代发到海外，有的还可以帮忙垫付退税，下面以某家海外仓的收费为例介绍一下。

头程进仓费用包括如下。

· 单独报关收费标准：350 人民币 / 票；

· 续页费：报关单品名超过六项就会产生续页费，并且续一页 50 元；

· 中港费：1.5 元人民币 / 千克；

· 普通仓库派送费：1 港币 / 千克。

仓储费用包括如下。

· 仓租：80 港币 / 立方米 / 周；

· 订单处理费：10 人民币 / 票。

如果自营出口的，可以委托海外仓进行报关，头程进仓的费用基本标准一样，而仓租费用，每个海外仓都不同，有的是一个月内免租，有的因为能提供储存、质检、分拣、配货，所以收费比较高。

题外话：

在网上卖假货不是什么新闻了，有些人甚至可以在全球电商亚马逊和eBay卖假货。最主要的手法是利用海外仓做分销假货的处理中心，然后将货物分销给下面的外国分销商，而外国分销商很多都是专门销售假货的，他们一边在平台上架真品照片，一边在海外仓寄出假冒商品。

经常听到有很多女士讲在海外的网购平台上海淘名牌化妆品，往往一见到打折就两眼发光。例如，一支名牌唇膏平时卖95美元的，发现某个网站打折才卖50美元，急忙买买买。但实际上，便宜无好货，这些打折名牌化妆品非常有可能是假货。

很多外国打折唇膏，它们大多数都是由小作坊生产的，出厂价平均4元/支，只不过由于是"海归"，价格上浮了一大截而已。现在说一下这支唇膏的经历，这支唇膏从小作坊生产之后，通过正常报关出口到美国，然后某个海外仓以公司的名义提货，再存到海外仓中。然后，这支唇膏会被发到美国的各个州仓库，再联系各州的二级分销商，以 10 美元的价格批发出去。二级分销商收到货后，加价 30 美元，批发给下面的三级零售商，有的三级零售商在网上挂 50 美元的零售价销售。假设这支唇膏被消费者发现，马上下单采购，最后这支唇膏被身价百倍地买到。

第10章

O2O 平台下的个税疑云之一

什么是 O2O？它是 Online To Offline 的缩写，意思是线上揽客，线下服务，将必须到店消费的商品和服务，比如餐饮、健身、电影和演出、美容美发、摄影及百货商店等的优惠信息发送给互联网用户，吸引他们到店消费。不过这些都是早期的概念了，现在的 O2O 已经发展出滴滴打车、外卖上门等电商模式。

10.1　个体户不用会计也可以开具发票

如果是个体户，大多数都是定额征收缴税的，税务局会根据店铺所处地段、面积、租金等信息核定一个定额，按照定额缴税。因为收现金的都是征税难，很多大城市的税务机关对餐饮类的个体户管理比较宽松。这样，基本上不需要请会计，因为每个月都是缴一样的税。

如果有人要求开具发票呢？例如，消费者在团购网站获取免费优惠券，凭券到饭店就餐，餐后向饭店支付全部价款 100 元，要求开具 100 元的发票呢？

没问题，开吧，不过只能开具增值税普通发票。

如果对方要求开增值税专用发票呢？因为是个体户，不能开具专用发票。

这里提醒一下，如果个体户的销售定额是 2 万元的，当月最好开具的发票不超过 2 万元。如果超过了，税务局可能要求对超过部分按规定补缴税款。在国税和地税合并之后，就不用分开缴税了。

个体户要缴的税种如下：

1. 主税：按收入缴 3% 的增值税。

2. 附加税费。

（1）城建税按缴纳增值税的 7%（县城、镇为 5%，乡、农村为 1%）缴纳；

（2）教育费附加按缴纳增值税的 3% 缴纳；

（3）地方教育附加按缴纳增值税的 1% 缴纳。

一般来说，领了税控机就可以开具发票，很多团购平台都有开票系统，能自动匹配抬头税号，支付业务完成后可以一键开票。当然，开的是普通发票，不能开专用发票。就算能够开具发票，按营改增 36 号文，纳税人的交际应酬消费属于个人消费，按规定是不能抵扣进项税的。

10.2　个体户查账征收好不好

个体户除了增值税之外，还有就是个人所得税。个人所得税是大税。为什么这样说呢？增值税的征收依据是暂行条例，而个人所得税的征收依据是法——《中华人民共和国个人所得税法》（以下简称《个人所得税法》）。征收对象是在中国居住满一年的人，包括个体户。

"个体户的生产经营所得，一般是以年收入减去成本费用后的余额来计算应纳个人所得税，如果未能提供完整准确的纳税资料，不能正确计算应纳税所得额，由税务机关核定其应纳税额。"从这句话我们可以知道，个体户不用会计也可以，因为税务局可以核定其个人所得税。

但是最好请一个会计。我觉得，最好自己学一下做账，可能会省好几千元的税金。因为如果运气不好，被选作定期定额的核定征收的话，即使你这个月亏本了，也要缴税的。

在团购平台上的个体户，如美甲店、美容店之类，网上每月收入超过3万元的话，不要犹豫，做查账征收。只要账证齐全，没有什么可怕的。如果你一个月的销售收入不超过3万元，还可以进行零申报。

当然，人手不够，又不想请一个专职会计的话，找会计咨询公司也可以的。

10.3　查账征收的大型餐饮公司一定要有会计

为什么查账征收的大型餐饮公司一定要有会计呢？因为虽然叫"查账征收"，但并不代表税务局就会查账，只是需要纳税人必须保证自己有账，而且要符合财政、税务部门要求的会计制度。

执行"查账征收"，实质就是纳税人要在规定的纳税期限内，以申报表的形式向税务机关申报其销售额、所得额或者其他应税行为的计税依据，以及对应的税种、税目、税率、应纳税款、已纳税款等信息。这个时候，如果没有一个专门的会计，自己做的话，就需要花时间、花精力去统计好经营收入和支出成本，还要有一定的财务知识。

一般三两知己去吃饭，买单时都不会开具发票。不过，如果是公司的团餐，又或者个人需要向公司报销餐费的话，就需要开具发票了。这个时候，只需要开具增值税普通发票就可以了。即使开具了专用票，也不能做进项税抵扣。

为什么会出台这样的一个规定？主要是因为无法确认个人消费的还是因公消费的，所以规定餐费发票都不予抵扣。住宿业务和旅游业务的专用发票税务局还是允许进行抵扣的。

除此之外，会计要向团购平台索取发票，为什么？因为团购平台会向入驻企业收取服务费和佣金。如果不主动索取，他们是不会开具发票给你的。这个时候就要一个会计来帮你追索发票。

按上例，消费者在团购网站获取免费优惠券，凭券到饭店就餐，餐后向饭店支付全部价款 100 元，这个时候，团购平台就会向饭店索取 15 元的佣金，饭店最后得 85 元的收入，但饭店要向消费者开具 100 元发票，那么差额怎么办？可向团购平台索取 15 元的发票。

10.4　个体户查账征收的扣除标准

查账征收最重要的一个工作不是做报表，这个是误区，而是收集发票。发票越多，利润就越少，要缴纳的税金就少。不过，不是所有的发票都能入账的。

按照国家税务总局《个体工商户个人所得税计税办法》（国家税务总局令第 35 号），个人所得税有以下几点不能作为费用扣除的。在这里总结一下，以下情况是就算拿到发票也没用，因为不能做税前扣除。

（1）个体工商户业主的工资薪金支出不得税前扣除（你发给自己的工资不能作为费用支出）。

（2）个体工商户发生的与生产经营活动有关的业务招待费，按照实际发生额的60%扣除，但最高不得超过当年销售（营业）收入的5‰（请客吃饭最多只能扣除60%，而且还不能太多）。

（3）个体工商户代其从业人员或者他人负担的税款，不得税前扣除（不能帮员工交的税金）。

（4）如果对于生产经营与个人、家庭生活混用难以分清的费用，其40%视为与生产经营有关的费用，准予扣除（车费、油费如果不能说明是生产经营的，最多只能扣除40%）。

（5）个体工商户直接对受益人的捐赠不得扣除（捐赠之类的，不能直接捐）。

（6）个体工商户发生的与生产经营活动无关的各种非广告性质支出不能扣除（我赞助做公益也不行）。

（7）罚金、罚款和被没收财物的损失（这个不用说，罚款不能免税）。

（8）个体工商户业主本人缴纳的补充养老保险费、补充医疗保险费，以当地（地级市）上年度社会平均工资的3倍为计算基数。超过部分，不得扣除。（就算是想多交点社保费，也是不行的）。

（9）个体工商户业主本人或者为从业人员支付的商业保险费，不得扣除（就算买1 000万元的人寿险，也没有用）。

（10）个体工商户业主本人的费用最多为每年42 000元（自己本人的车费、油费、衣服、饮食、住宿等的发票，最多也就是可以报销42 000元）。

熟记这几点，做账基本就没有什么问题了。

10.5　赠送礼品也要缴个人所得税

在团购平台中，赠送客户礼品是一种培养客户和维护客户的手段，特别是关注送礼品之类的，对吸粉起了积极的作用。但不同的赠送手法，要支付的个税也是不同的。前段时间，有家公司就因为搞促销，赠送礼品给公司以外的客户，被税务局责令补代扣代缴的个人所得税和罚款共 70 多万元。

按《关于企业促销展业赠送礼品有关个人所得税问题的通知》（财税〔2011〕50 号）规定，企业向个人赠送礼品，属于下列情形之一的，取得该项所得的个人应依法缴纳个人所得税，税款由赠送礼品的企业代扣代缴：

1. 企业在业务宣传、广告等活动中，随机向本单位以外的个人赠送礼品，对个人取得的礼品所得，按照"其他所得"项目，全额适用 20% 的税率缴纳个人所得税（记住，是随机）。

2. 企业在年会、座谈会、庆典以及其他活动中向本单位以外的个人赠送礼品，对个人取得的礼品所得，按照"其他所得"项目，全额适用 20% 的税率缴纳个人所得税（记住，与销售无关）。

3. 企业对累积消费达到一定额度的顾客，给予额外抽奖机会，个人的获奖所得，按照"偶然所得"项目，全额适用 20% 的税率缴纳个人所得税（记住，有额外两个字）。

那么，如何赠送礼品同时又不用缴个人所得税呢？

1. 企业通过价格折扣、折让方式向个人销售商品（产品）和提供服务（记住，没有实物）。

2. 企业在向个人销售商品（产品）和提供服务的同时给予赠品，如通信企业对个人购买手机赠话费、入网费，或者购话费赠手机等（销售一个商品同时送赠品，记住是赠品，买一送一也算是）。

3. 企业对累积消费达到一定额度的个人按消费积分反馈礼品（没有额外，

也就是说消费积分换礼品也可以）。

　　为什么有的要征呢? 按业务来说, 都是差不多, 不同的是, 我们从性质上面看就清楚了。上述三种不征收个税的情形, 其赠送礼品是基于销售或服务有关的, 并非无偿的, 本质上是有偿赠送。再说一次, 是基于销售和服务的有偿赠送。而要征收个税的另外三种情形, 并非直接与销售有关联的。记住, 是非直接。

　　所以, 在业务上, 团购平台下的商家可以做"买一送一"或"买二送一"等, 但不要做"来就送"这类的活动, 可以做"消费积分换礼品", 但不要做"消费积分换抽奖"。

　　需要注意的是, 对于偷、逃税行为, 根据《中华人民共和国征收管理法》, 税务局有权对商家处以 50% 至三倍的罚款, 也就是说, 你补税也不够, 还要交税金的一半至三倍罚款。

第11章

O2O 平台下的个税疑云之二

除了团购平台，现在还有直播平台、视讯平台、融资平台、模特儿平台等，真的非常多，这些算不算 O2O 模式呢？我觉得是算的，毕竟这些平台也符合 Online To Offline 这个概念。

11.1 网络主播也要交税

这几年网络直播平台很火爆，主播成为一个热门职业。有时候主播经常收到粉丝们的打赏，那么这些主播得到的打赏需不需要交个人所得税呢？理论上是要的。

按国家税务总局的说法，以个人名义加入平台的主播，其收入一般为劳务报酬。对获得的各种粉丝礼物打赏，根据平台规则，将实际折算为粉丝购买的虚拟货币，在平台公司按比例提成后，再按兑换规则向主播们还原为真实货币。这一部分收入属于主播在网络平台提供劳务报酬获得的收入，应作为劳务报酬所得，适用 20% 比例税率。如果是虚拟礼物呢？如斗鱼平台公告中显示的鱼丸礼物，也是折现后按 20% 来征税。

根据《个人所得税法》的规定，个人独立从事设计、安装、制图、医疗、会计、法律、咨询、讲学、新闻、广播、投稿、翻译、书画、雕刻、电影、戏剧、音乐、舞蹈、杂技、曲艺、体育、技术服务等项的劳务所得，属于劳务报酬所得，按规定要交 20% 的个人所得税。

例如：网络主播刘某当月取得打赏收入 40 000 元，扣除 20% 的费用后，应纳税所得额为 32 000 元。应纳个人所得税税额计算如下：

应纳税额 = 每次收入额 ×（1-20%）× 适用税率 - 速算扣除数

=40 000×（1-20%）×30%-2 000=7 600（元）

个人所得税计算是与工薪个人所得税的计算完全是两回事。因为当年国家在制定《个人所得税法》的时候，还没出现个人职业者。所以工资薪金的税率与劳务报酬的税率完全是两回事。

很多直播平台，如果见到某些主播人气高，就会跟他们签约。如果主播问平台，为什么要签？不签行不行？平台就会跟主播说，不签的话，就要交很多个人所得税了。如果个人收到 3 万元，就要交 5 000 多元的个人所得税；

如果和平台签约后，只交 200 多元的个税。如果个人不想交，平台是代扣代缴单位，也就是说，个人收了多少，都会按规定上交多少。因为平台若没有承担代扣代缴义务，那么税务机关可以对平台进行未扣税款的 0.5~3 倍的罚款，税务机关也有权向实际获得的所得人即主播追缴税款。

会计专业人士都了解，很多明星成名之后，通过成立明星个人工作室、成立（或参股）一系列公司，可将高税收转变成低税收。

霍尔果斯市位于新疆伊犁哈萨克自治州，是一个与哈萨克斯坦接壤的城市，在这个城市里有很多影视公司、明星工作室进驻，因为该市有一个优惠政策："新注册的公司五年内免所得税、五年后地方留存的 40% 所得税'以奖代免'的方式还给企业"，这是全国唯一的"5 免 5 减半"政策。

11.2　滴滴司机要交个税吗

暂时，滴滴司机和淘宝个人卖家一样，是不用交个税的。

不过，滴滴公司要作申报。如果大家用过滴滴打车，取得滴滴打车的电子发票，就会发现，滴滴的增值税发票税率是 3%。有些朋友就会觉得奇怪，按营改增之后，运输业务的增值税税率不是 9% 吗？不是的，滴滴公司是选择以一般纳税人简易征收的 3% 税率开出发票的。按《财政部　国家税务总局关于全面推开营业税改征增值税试点的通知》（财税〔2016〕36 号）文，一般纳税人发生下列应税行为可以选择适用简易计税方法计税：公共运输业务，包括轮渡、公交客运、地铁、城市轻轨、出租车、长途客运、班车。所以滴滴公司可以按简易征收的税率 3% 纳税。

不过个人以为，严格来看，滴滴的发票应属于违规。为什么呢？因为滴滴的业务不属于公共交通业务，应该属于出租车的一种，但出租车行业是特许经营行业，需要相关部门审批才能进入，而滴滴公司暂时应该没有，如

图 11.1 所示。

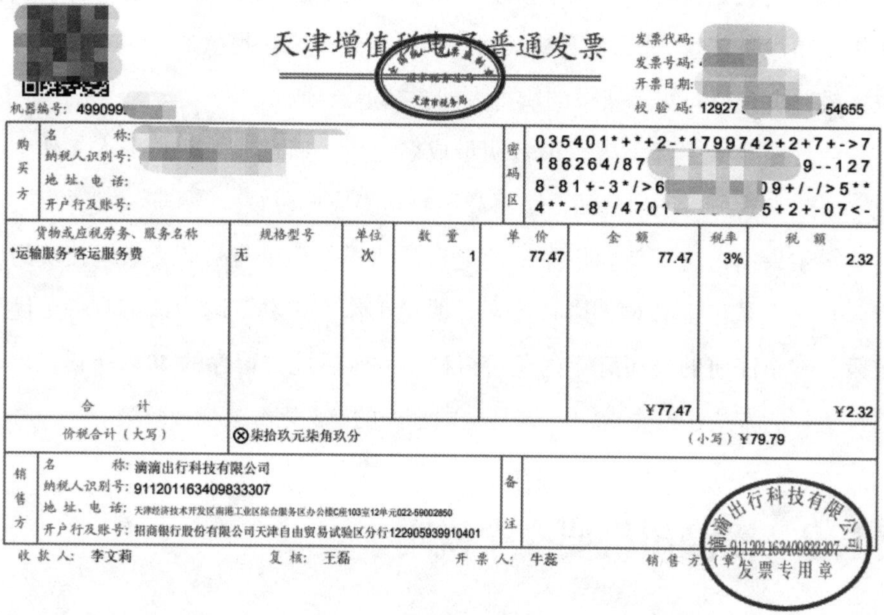

图 11.1 滴滴发票

因为滴滴公司与滴滴司机是不存在劳务关系的，所以滴滴司机应该与网络主播一样以"劳务报酬所得"来交个人所得税，而滴滴公司还应按20%帮滴滴司机代扣代缴。

如果滴滴公司是同出租车公司一样，虽然也是代扣代缴个税，但有文件规定可以按每人每月定额代扣个税，广州就是每个出租车司机每月定额代扣个税10元。但这个规定是针对出租车公司的，而且是1995年的文件，滴滴公司能不能适用这个规定还是一个疑问。

现在还没有文件规定滴滴公司属于哪种经营性质，暂时用出租车业务顶替也是无奈之举。如果税务局去查滴滴公司，要求补缴滴滴司机的个人所得税的话，那么滴滴公司可能会交一个天价罚单。

11.3　虚拟货币交易也要交个税

国家地税局曾经发文，对虚拟货币的交易收入征个人所得税："个人通过网络收购玩家的虚拟货币，加价后向他人出售取得的收入，属于个人所得税应税所得，应按照'财产转让所得'项目计算缴纳个人所得税。"

哪些属于虚拟货币呢？知名的虚拟货币如腾讯公司的 Q 币，盛大公司的点券，还有流行的数字货币，如比特币、莱特币等（我国境内已禁止比特币、莱特币交易）。老实说，Q 币交易不是没有，但溢价交易的基本很少，而现在最活跃的又存在溢价的虚拟货币就属游戏币了。如"魔兽世界"游戏，在网站专门从事金币交易。如图 11.2 所示。

图 11.2　虚拟货币交易图

按规定，出卖游戏币后产生的收益都是要交 20% 个税的。

即（获得虚拟货币的财产原值－销售虚拟货币的收入）×20%。而且，如果获得虚拟货币时没有原值，税务局就会核定一个原值。

另外值得注意的是，近年来利用虚拟货币行骗的非常多。毕竟很多虚拟货币的交易平台服务器往往放置在境外，当达到一定的数量，募集大量的资金后就"玩失踪"，而且就算发现上当受骗，举证也非常困难。更加麻烦的是，如果利用虚拟货币进行赌博，最后举报也成问题。

11.4 个税起征点从 3 500 元调到 5 000 元

2018 年 8 月 31 日，国家决定将工资、薪金所得的起征点从现行每月 3 500 元提高至每月 5 000 元，从 2018 年 10 月 1 日起先行实施。也就是说，如果个人工资不到 5 000 元，就不用缴纳个人所得税。

对很多生活在二三线城市的从业者，很多人的工资都不超过 5 000 元，所以这个政策对他们来说是有利的。不过，是不是个人工资不超过 5 000 元，就不用申报个税呢？不是的，一样都要做申报，只不过税金为零而已，个税计算公式如下所示。

$$个税 =[（工资 - 五险一金 - 起征点）\times 税率] - 速算扣除数$$

应纳税额

在税率方面，目前实行七级超额累进税率，不同的应纳税所得额区间对应不同的税率，税率最低档为 3%，最高档为 45%。税率具体如表 11.1 所示。

表 11.1 新版个人所得税税率表（综合所得适用，个税起征点 5 000 元）

级数	全月应纳税所得额（含税）	税率 (%)	速算扣除数
1	不超过 3 000 元的部分	3	0
2	超过 3 000 元至 12 000 元的部分	10	210
3	超过 12 000 元至 25 000 元的部分	20	1 410
4	超过 25 000 元至 35 000 元的部分	25	2 660
5	超过 35 000 元至 55 000 元的部分	30	4 410
6	超过 55 000 元至 80 000 元的部分	35	7 160
7	超过 80 000 元的部分	45	15 160

　　另外，这一次修改，首次增加了专项附加扣除，包括子女教育、继续教育、大病医疗、住房贷款利息或者住房租金、赡养老人等支出，也就是说，个人所得税将不再按收入来确定，而是收入减去支出后得出的余额，再确认应缴税金。

第12章

电商法对财务的影响

电商法不是凭空出现的，其实，从 5 年前就已经运作了。想想 5 年前，微商还是件新鲜事，京东势头正猛，进逼天猫淘宝；苏宁易购刚打开局面；电商领头羊阿里启动全球电商战略；我国已经开始着手准备对电商行业立法。毕竟电商在我国零售市场中的占比越来越高，渗透力也越来越广，影响力也越来越大。其间历经四审，终于在 2018 年 8 月 31 日，《中华人民共和国电子商务法》（简称《电子商务法》）由全国人民代表大会常务委员会通过，电子商务运作有法可依了。

从《电子商务法》的内容来看，是针对所有电子商务活动的立法，按《电子商务法》的第二条："中华人民共和国境内的电子商务活动，适用本法。本法所称电子商务，是指通过互联网等信息网络销售商品或者提供服务的经营活动。"

也就是说，除了传统的淘宝、京东，即使是滴滴打车、美团外卖、网上团购、微商等都归《电子商务法》管。《电子商务法》还特别提到的是电商经营者的责任。

第五条　电子商务经营者从事经营活动，应当遵循自愿、平等、公平、诚信的原则，遵守法律和商业道德，公平参与市场竞争，履行消费者权益保护、环境保护、知识产权保护、网络安全与个人信息保护等方面的义务，承担产品和服务质量责任，接受政府和社会的监督。

也就是说，过去，如果在网上卖假货，平台的处理手段是下架、扣分、封号；而现在，如果卖假货，就属于违法，性质不同。

下面讲一下《电子商务法》对电商财务的影响。

12.1　做电商要进行纳税申报

《电子商务法》的第十条："电子商务经营者应当依法办理市场主体登记"。

第十一条："电子商务经营者应当依法履行纳税义务，并依法享受税收优惠。"

第十二条："电子商务经营者从事经营活动，依法需要取得相关行政许可的，应当依法取得行政许可。"

第十五条："电子商务经营者应当在其首页显著位置，持续公示营业执照信息、与其经营业务有关的行政许可信息。"

从以上规定得出一个结论：电商经营者除了需要办理营业执照，也需要依法纳税申报。

当然，也有例外的，就是农业生产者和家庭作坊等不需要营业登记的个人，还是可以做电商的。

一个好的电商就需要有一个好的会计。最近，在网络招聘市场上，很多电商公司纷纷招募会计人员，要求是完善公司财务管理，负责纳税申报等。老实说，纳税申报不难，难就难在如何将账务做得合法合理，并且享受到应得的税收优惠。如做农业生产的，自产自销模式享受免税优惠；如做专业技术的，公司向境外提供服务的免税优惠等。

12.2 做电商会计要做好每笔记录

《电子商务法》第二十五条规定："有关主管部门依照法律、行政法规的规定要求电子商务经营者提供有关电子商务数据信息的，电子商务经营者应当提供。"

第二十八条规定："电子商务平台经营者应当依照税收征收管理法律、行政法规的规定，向税务部门报送平台内经营者的身份信息和与纳税有关的信息。"

第三十一条规定："电子商务平台经营者应当记录、保存平台上发布的商品和服务信息、交易信息，并确保信息的完整性、保密性、可用性。商品和服务信息、交易信息保存时间自交易完成之日起不少于三年"。

从这三条法规上可以知道，如果税务局要进行查账，不用直接找平台经营者，直接到平台获取交易数据就可以了。因此很难隐瞒网络交易收入。有些传统的企业，可能会做两套账，不应税的收入往往从私人账户收取，因为向银行调取数据是不容易的事。而从事互联网交易的电商，无论从哪个账户收取，只要通过电商平台进行网络交易的，都有数可查，而且电商平台是私营企业，应当积极配合行政机构调取数据。

这样一来，电商会计就要登记好每笔交易记录了，不然的话，很容易少缴税款，税务局就会要求电商平台交罚款和滞纳金了。

12.3　收入时间的确定

《电子商务法》第五十一条规定："合同标的为交付商品并采用快递物流方式交付的，收货人签收时间为交付时间。合同标的为提供服务的，生成的电子凭证或者实物凭证中载明的时间为交付时间；前述凭证没有载明时间或者载明时间与实际提供服务时间不一致的，实际提供服务的时间为交付时间。"

"合同标的为采用在线传输方式交付的，合同标的进入对方当事人指定的特定系统并且能够检索识别的时间为交付时间。合同当事人对交付方式、交付时间另有约定的，从其约定。"

其实，交付时间对确认收入时间有没有影响？我认为无影响，

《中华人民共和国增值税暂行条例实施细则》第三十八条规定："（一）采取直接收款方式销售货物，不论货物是否发出，均为收到销售款或者取得索取销售款凭据的当天。""（六）销售应税劳务，为提供劳务同时收讫销售款或者取得索取销售款的凭据的当天。"

《中华人民共和国企业所得税法实施条例》第九条规定："企业应纳税所得额的计算，以权责发生制为原则，属于当期的收入和费用，不论款项是否收付，均作为当期的收入和费用。"

收入的确认时间一直都存在争议。

1. 收款的时间（《增值税暂行条例》）
2. 索取发票的时间（《增值税暂行条例》）
3. 买家确认收货的时间（《企业所得税法》）
4. 签收的时间（《电子商务法》）

而现在增加一个，收货人签收的时间为交付时间。会计可以多一种收入确认时间，不过用这一种选择方法来确认收入，很可能会引起税务局的争议，所以要慎重选择这种收入确认时间。

12.4　连带责任与相应的责任

《电子商务法》第三十八条："电子商务平台经营者知道或者应当知道平台内经营者销售的商品或者提供的服务不符合保障人身、财产安全的要求，或者有其他侵害消费者合法权益行为，未采取必要措施的，依法与该平台内经营者承担连带责任。

对关系消费者生命健康的商品或者服务，电子商务平台经营者对平台内经营者的资质资格未尽到审核义务，或者对消费者未尽到安全保障义务，造成消费者损害的，依法承担相应的责任。"

如果平台明知道电商是卖假奶粉，但没有制止，那么平台和电商一起受罚。如打官司，买家可以越过电商，直接找平台要求 100% 赔偿。如果平台不知道电商卖假奶粉，或者平台没有审核电商的资质。如打官司，就要清楚平台承担多少责任，如果法官判决平台承担 20% 的责任，那么就赔偿 20%，剩下的 80%，买家再找电商赔偿。

这个条例是鼓励平台卖正品，因为不排除电商平台卖假货的情况，不过现在立法之后，如果某些平台以专门售假来吸引消费者来购物的话，肯定要受到惩罚。

如果电商平台遇上诉讼，在当年的 12 月 31 日还没有判决的话，会计要计提预计负债。如果有证据表明平台要承担连带责任，可按 100% 计提预计负债；如果平台只承担相应的责任，会计要按相应的责任来计提预计负债。

另外，值得注意的是《电子商务法》第五十八条："国家鼓励电子商务平台经营者建立有利于电子商务发展和消费者权益保护的商品、服务质量担保机制。

……

消费者要求电子商务平台经营者承担先行赔偿责任以及电子商务平台经营者赔偿后向平台内经营者的追偿，适用《中华人民共和国消费者权益保护法》的有关规定。"

有这一条的话，电商平台可以向电商收取消费者权益保证金，用于日后赔款，而电商平台的会计就不用等法院的判决，可以将赔款入账了。

题外话：

《电子商务法》的颁布肯定影响电子商务的发展。值得注意的是，由于有法可依，过去的那一套规矩已经不适用了。特别是电商会计要依据相关的法规去操作，可以说，电商会计在未来两年肯定是有大量需求的。与传统会计不一样，电商会计由于离互联网更近，所以工作更加自动化，更加信息化。简单点来说，就是电商会计要懂在网上自行下载经营数据、快递数据、支付数据，然后将这些数据变成会计数据，这个是最基本的技能。高级一点的是如何用网络知识加快资金流转速度，节约交易成本等。

一个新人刚进入电商会计这一行业，如果没有"前辈"带领的话，很容易找不到入门的方向。而靠网上搜索一些关于电商财务的文档，往往不是自己需要的。所以，我建议，真的想从事电商会计这一行业，最好先去学习每个电商平台的规矩，如了解店铺的流程、数据来源等，登录公司店铺的后台，了解各种模块，所有这些都是免费的。从这入手之后，再应用自己的财务知识，才会事半功倍。

第 13 章

电商公司的财务管理制度

我们经常会听到"制度是死的，人是活的"这一类的话语，有很多人都误解为，人可以轻易绕过制度去办事。我认为，这句话的意思是，既然定了制度，人就需要遵守，一家企业定下公司制度的目的就是确保在安全的情况下将钱挣了。如果环境变了，公司制度不变，就要改公司制度。如果与公司制度和安全生产相违背，又或者遵守公司制度会变得亏钱，紧急的情况下，就应灵活运用；非紧急的情况下，就应重新制定公司的制度。

13.1　制定财务管理制度的原则

如果认为一家电商公司的财务管理制度合不合理，不是看条文合不合理，而是看制度能不能扎下根，如果能扎下根，就能适用；如果不能，就不会长久。制定财务制度的原则如下。

第一，财务制度里不能有违法的行为。例如，某公司的财务管理制度上白纸黑字地写明了出纳负责会计档案的保管工作，这个是违反《中华人民共和国会计法》第三十七条规定的。

第二，财务制度要简单。财务制度是要执行的，而不是用来装模作样的。制定内容写得越长，就越不容易记住，就越难执行。如果制度内容越短小精悍，就越容易执行。

第三，非必要勿增加实体。意思就是，不要增加层次，尽量减少信息传递的维度。如一个要批的单子，三个人就审批好，就不用四个人。一件事两个人能做好的，就不要用第三个人了。

个人认为，按这三个原则设计出来的财务管理制度，肯定比较适合电商这种快流通、高频率的业务需求。

13.2　电商财务管理制度范本

下面是某电商财务管理制度。该电商主要销售家电，属于一般纳税人，其财务制度具有一定的参考价值。

《电子商务财务管理制度》

总则：为促进企业做大做强，发挥财务在电子商务管理中的作用，使财务活动做到有章可循，参照有关规定，制定本办法。参与电子商务工作的人员须依照本办法开展工作。

1. 财务人员应于每月 3 日前对当月所发生的费用与供应公司对账，如快递费与物流公司对账、广告宣传费与广告公司对账等。

2. 财务人员应于每月 3 日前将支付宝余额与上月销售成功的订单逐笔核对。对已完成销售并且已过退货期的订单与营运部对账后方可提现。

3. 公司所有线上产品的定价经相关领导批准后，均须将报价单给财务做备案登记，未办理登记的不得上架。

4. 需由支付宝付款的一切支出，包括店铺装修、维护以及缴纳各种业务保证金等，均应通过 OA 进行审批后再支付。

5. 借支备用金需按照集团财务相关流程进行审批。所有员工调岗、离职时，必须通知财务清查个人借款。

6. 财务人员需对经办人员报销发票和收据的真实性进行审核，谁经手谁负责，并检查其归还剩余款项。

7. 财务人员每月最后一天组织一次存货盘点，盘盈盘亏必须要有书面报告。

8. 企业店铺相关信息包括店铺账号名称、登录密码、绑定手机号、绑定邮箱及邮箱登录密码须到财务备案。公司所有淘宝账号和支付宝账号所绑定手机号，一律使用同一专用手机号。

9. 所有工资支出（包括奖金、补助等）必须由财务部核对后才能发放。

10. 每月 15 日前预留税款，及时申报企业税费。

基本上，完成以上 10 项工作的话，一个简单的电商财务制度架构就可以搭建起来了。当然，很多公司的财务制度是又长又细的，以上制度只是作为参考。

举一个例子吧，A 公司是家新开业的电商公司，第一个月就与快递公司签订了月结合同，这个月销售 100 件，寄件 105 单，为什么会多出 5 单呢？原来有 5 单是退货的。这时就要与快递公司确认。一天，A 公司的天猫店长说自己完成了公司的销售业绩，此时，财务就要将销售订单与支付宝的流水进行一一核对，看看天猫店长的业绩是不是真的。核对后发现有 5 单是在退货期内的，财务就跟天猫店长说，要等这 5 单过了退货期，我才可以确认你的销售业绩。

为什么说财务要对所有上架的货物进行备案呢？很简单，一个月之内，如果销售商品的价格有波动，即同一样货物，月初卖 100 元，月中卖 90 元，月末卖 80 元，这个时候如果财务没有备案，结账的时候统计工作就会非常烦琐，要不断地筛选数据，而且也不利于开具发票。

第 4 点～7 点，其实就是建立一个简单的内部控制流程，将资金流和业务流互相对照，利于监管。例如，有些时候，盘点时发现缺货了，是销售时多发货，还是入货时缺少记录呢？又如，经办人员报销的发票是另一家公司的，或者报销的业务是虚假的，谁来把关呢？这个是对公司内部管理制度的一个监管。

第 8 点是比较重要的，网店其实是公司的一个重要的资产，虽然不是实物，但的确带来了经济收益，但网店的后台使用权现在很多情况是通过手机登录验证的，如果财务没有备案，万一店长离职了，谁有钥匙进入网店后台呢？

第 9 点、10 点是最基本的，就算不是电商，一家普通的传统小企业，这些都是财务必须要做的工作。此外，若会计已申报增值税了，打算进行清缴税款，最后却发现公司账户没钱了。即使申报成功，如果在 15 日前还没有扣缴税款，依然属于未按时纳税处理，要扣分扣钱的。

13.3　电商财务管理制度的维护

财务软件有很多，对于小企业来说，是不是真的需要一个财务软件进行财务管理呢？这个要看具体情况，如果是电商企业，建议使用财务软件，那么，安装了软件之后，是不是一定要按软件的要求去操作呢？不是的，使用软件的前提是，这套软件没有削弱企业的竞争能力，不然就变成削足适履了。所以社会上才有很多订制化、个性化服务的财务软件，当然这个服务可不便宜。

对于小公司，最省钱的办法是，请人用 Excel 做一个带 VBA 的、联机的财务系统。第一，更改容易；第二，价格便宜；第三，维护方便。相对于花费十万元购买财务软件，花几千到一万元的设计费用，这个方法还是很划算的。因为很多电商平台的后台都可以导出 Excel 格式的交易数据，将这些数据定时导入到 Excel 软件就可以了，虽然自动化程度不高，但节约成本也比没有的好。

Excel 是系统自带数据库的，操作简单，如果是高手的话，可以用 Excel 建立一整套完整的财务系统。当然，最好是用 Excel 2016 版的。

至于网上有很多 Excel 的财务系统，个人建议，可以下载一个，试用一下，然后请一个 Excel 高手用 VBA 设计适合公司使用的财务系统，还可以设计一个带账套、进销存、考勤、行政审批一体的财务系统。

13.4 电商财务管理制度的意义

财务管理制度的目的其实很简单，通俗来说，就是细心谨慎地监管钱财。无论是个人还是企业，其实是一样的，有的人管钱管得好一点，于是身有余财；有人管钱管得差一点，变得身无长物。当然，也有一些天才，本身不是财务专业的，但做事细致，爱动脑筋，也可以将企业管理得井井有条，甚至使企业起死回生。如唐纳森·布朗，虽然他是工程师出身的，但靠着创新的财务管理将通用汽车公司转亏为盈。这些例子有很多，但是不是财务管理制度不重要呢？恰恰相反，正因为天才太少，所以企业才需要财务管理制度。

每家企业有各自的财务管理制度，有的重预算管理，有的重融资决策、有的重纠正偏差，有的更重责任分工。其实，如果站在经营者的角度，设立财务管理制度的最终目的是要降低成本。成本包括货物的成本，也包括资金运营的成本。

从古典经济学的角度来看，企业存在的意义是追求利润的最大化，如何追求？除了开源之外，就是节流，也就是刚刚说的降低成本。为什么说 20 世纪的电气时代是第二次工业革命？因为电机取代了蒸汽机。为什么？因为电机比蒸汽机便宜，能降低成本，从而给企业赚取更多的钱。同理，现在为什么有很多人都在关注人工智能？因为一旦成功，它会取代一些岗位，能有效降低人工成本。

财务管理制度未来的趋势如何？我估计未来将不再靠人工统计了，靠电脑去执行，为什么，只有这样才能有效地降低成本。现在的 ERP 或 IRP，实质就是通过电脑去做数据传输的工作，更快地去执行命令。

对于中小企业来说，上 ERP 是没用的，为什么？一年才几百万的销售，靠自己平时多讲几句都可以，用不上电脑。而大企业，由于业务多，业务广，靠管理者自己讲是讲不过来的，所以才需要用 ERP。但 ERP 需要有人操作而且素质低一点都不行。

电子商务是最贴近网络信息的商业活动之一，如果具有一定的规模，就需要 ERP 维护日常的运转，特别是在好几个平台上进行网络销售的，靠人工去统计是非常浪费人力成本的。用上 ERP 之后，平日也是需要人来操作的，而且还需要一套财务管理制度维护日常的运转。

未来的电商会计所需要的知识已经不能是单纯的会计知识了，还需要一些电脑知识，又或者懂一点计算机语言，因为很可能未来的财务管理制度已经不再是纸上的语言，而是计算机专用语言了。

大胆做一个预测，未来电商财务管理制度将会集成到企业的信息系统之中；未来，企业只需要一个系统，就能贯穿所有企业的经营业务，不用像现在这样左一个 IRP 系统，右一个 ERP 系统；未来，电商会计就是信息系统中处理财务数据的工程师，维护财务数据的日常工作；未来，一个电商会计就等于应收会计、成本会计和管理会计。未来竞争将越来越激烈。

题外话：

财务制度直到近代银行业发展之后，才作为一门学问真正地走上历史舞台。在 17 世纪，荷兰共和国时期，公债发行是银行的主要业务，但如何管理这个公债就变得非常重要了。银行既要保护其债权人的利益，又要保护债务人的利益。于是在公债的基础上设定一系列的财务制度，规定担保人、背书、折扣等一系列的操作规范，让公债具有转账的功能。然后在维护低风险和分摊风险功能的基础上，发展出商业信贷和保险业。而最让人不可思议的是，为了让风险具有转账功能，最后延伸出股市。虽然我不知道设计这个财务制度的人是谁，但我觉得，这人真的是天才，他的发明，引爆了之后几个世纪的金融活动，当然风险也是同时存在的。

第14章

电商公司的资本管理

在电商公司，我预计这个月有 100 万元的收入，月初买了 80 万元的存货，如果这个月只销售了 90 万元，按比例，月初只要 72 万元的存货就可以了，多出了 8 万元存货就属于过量存货了。如果这个月供不应求，有 120 万元的收入，那么月初应该购入 96 万元的存货，少购的 16 万元存货就是短缺存货了。过量存货会形成资金积压，短缺存货会形成机会损失。而资本管理就是应对这些不确定的策略。

14.1　订货的进取与保守

电商行业是一个竞争激烈的行业，存货的变现能力不好判断，商品的生命周期可能是非常的短，如果大量买入某种存货，但销售不理想的话，将面临非常大的经营压力。所以很多电商都是采用前期多种产品试水，从中找到销量最大的产品，然后再加紧添货。我认为，面对市场的不确定性，尽量采取多品种，少存量，高周转的资本管理策略，才能有效地节约存货持有成本，减少资金压力。

与电商行业不一样，生产企业为了及时交货，同时又为了降低生产成本，采购存货一般采用大量大批的买入，产品长期不断的销售。只要有订单和有融资渠道，这是高效的资本管理策略。特别是农业企业，如果要比工厂赚得更多，初始资本投入就要大，土地租得越多，农用机械买得越多，不成规模，就不成利润。

而在电商行业，如月初网上销售手机可能销售不错，月中厂家推出新型号手机，月末商家手上的手机可能要降价促销才能销售出去。如果压货太多，变现就成问题了。所以，每个电商对手上的每种货物，都订了一个最佳持有量，大胆一点的，将最佳持有量定低一点，宁愿自己辛苦一点，一个月内多次添货。保守一点的，将最佳持有量定高一点，看好市场，不会缺货。由于不同的货物和不同的平台，存货最佳持有量都不同，只有靠经营者自己的经验积累和同行交流了。

14.2　借钱的进取与保守

融资也好，贷款也好，说白了就是借钱。我见到过的电商很多都有借钱买货的经历，也就是说，如果现金不够，但又看好市场，可以借钱买货，这是很正常的事。当然，有很多人不喜欢借钱，这也没错，毕竟借钱之后，生意不好，想翻身的话就比较难了。

一般来说，借钱最好是向银行借，毕竟手续正规，利息也不高，但难度是有的，金额也未必能满足需求。做电商规模小的，公司名下基本没有什么资产，所以多数都是信用贷款，金额不会超过20万元的，贷款期最长也就三年。这里只说小规模电商的借钱，毕竟大电商有其融资方法。

小规模电商借钱，最好是向银行借，银行的手段有冻结银行账户、打官司、降征信、强制执行，而强制执行不了就会拘留。比起民间借贷公司的手段，要文明多了。相信大家可能经常收到很多短信，说某网络贷款公司提供免抵押信用贷款50万元，随借随还，免手续费等，其实大多数是套路贷，大家千万不要相信，毕竟近年来因借高利贷而导致家破人亡的还真不少。

另外，借钱也是讲策略的。一般来说，按还款的期限超过一年为长期借款，一年以内为短期借款。如果将购货时间与还款时间配比，是可以降低偿债风险的。例如，如果将长期采购的商品配比长期借款，将短期采购的商品配比短期借款，这样一来，第一可以锁定贷款利率，第二可以有持续资金流入。例如，手机电商，估计iPhone XS未来可以卖较长一段时间，于是借了一笔长期借款去长期采购，由于iPhone XS的价格长期不变，所以电商的利润是可以预计的，而长期借款中每期还款金额的也可以预计的。两者同步之下，只要不出现手机的丑闻，基本上是稳赚的。其间，我也可以借一笔短期的借款，用来采购其他机型，毕竟电子产品更新换代快，基本上半年就出新款。如果用长期借款，销售量大时，就出现多余现金，销售量小时，就出现资金短缺。

当然，实际工作中，一种产品好不好卖是不确定的，但还款是确定的，所以当销量没有达到预期，无法按期还款，就一定会出现不配比的现象。最好按自己销售的产品，设计好自己的贷款期限。

14.3　产品生产周期与投资的关系

下面用一个例子说明一下，产品生产周期与投资的关系。最近有很多工商资本要投资农业，农业是不是很挣钱呢？

这个，要看成本。农产品的价格是相对固定的，但只有养殖成本降下来，才变得有利可图。工商资本如何去降低农业种养成本呢？

1. 减少流通层次，降低运输成本；

2. 增加养殖技术，降低养殖成本；

3. 增加养殖规模，降低边际成本；

4. 创新农业金融，降低融资本成。

说了这 4 点，为什么老是要降低成本呢？开源不行吗？如果有办法将人一天三餐变成一天五餐的话，是可以的，不过估计太难了。古典经济学说过，企业存在的意义是利润的最大化，这个很实在的，谁不想挣钱呢？既然开源难，我们就选择节流吧，降低成本，达到多挣点钱的目的。

而资本投入农业，要考虑的一个问题是生产周期。流水线上制造一台空调几分钟的事；可养殖一条鱼，最少都要六个月。所以如果工商资本是想挣快钱，就不要做养殖。

传统农业的流通批发是靠农户→农中→农批市场→农贸市场→个人，这样的路线走的。如果是有钱的，工商资本直接做中间商，即农户→工商资本→个人，这条钱，将属于农户、农批市场和农贸市场的钱挣了。阿里和京东就是想走这条线。这个难度可是非常高的，不是一般的平台可以做得起来。不过，农业＋互联网呢？这也是一个方向。

工商资本，像这些房地产企业为什么要进入农业呢？是因为有"住户"。房地产公司开发的楼盘一般都是由自己的物业公司进行管理的，利用物业公司开一个连锁农产品超市很简单。做养殖？我认为，他们是不会去真的做养殖，他们只是做流通。将农户、农批、农贸的钱挣了。又或者，做农业技术升级，将农业新技术销售给农民。

当然，也有一些做农业金融创新的，如售前变现，即离农产品上市还有一个月，有公司将钱借给农场，农产品只能卖给这个公司，到时按现在的价格收购。这样就可以锁定利润，农场也可以提前收到资金。

很少会有大规模的工商资本进行种养环节，大多数进行流通环节。为什么，因为工商资本大多数是从银行贷出来的，如果生产周期越长，要还的利息就越多，资金的压力会直接影响生产利润，从而变得无利可图。当然，大公司，从来不向银行借钱的例外。

同理，如果作为一名电商，所经营的产品不是快速消费品，同时又有向银行贷款的，那么就要考虑一下换一种产品进行销售了，不然利息会占用一大部分的利润。一般来说，如果产品存货周转率是低于 12 次 / 年，那么也是需换一种产品。

14.4　最经济订货批量是多少

大多数的电商公司都是贸易公司，如果采购的存货多了，维持存货的成本也就越多，那么如何寻找一种最低成本的采购量，同时又不妨碍赚钱呢？可以参考以下公式。

$$Q^* = \sqrt{\frac{2CR}{PF}} = \sqrt{\frac{2CR}{H}}$$

式中：

Q^* ——经济订货批量；

C　——单次订货成本；

R　——年总需求量；

　　P——货物单价（元 / 件）；

　　F——每件存货的年保管费用占其价值的百分比；

　　H=*PF*——单位产品的库存成本，即每件存货的年平均库存保管费用（元 / 件）。

　　这是一个非常重要的公式，如果是做电商的，一定要记住这个公式。货物的仓库保管费用是一个大开支，如何计算最省钱的补货量，是涉及利润的。

　　举例：某工程机械代理商每年销售约 9 600 条装载机轮胎，轮胎每年持有成本 16 元 / 条，订购成本 75 元 / 单，那么这种轮胎的经济订货批量为多少条？

$$EOQ=\sqrt{\frac{2×9\ 600×75}{16}}=300（条）$$

　　这种计算最省钱的订货量，在财务管理学中叫作"经济订货批量模型"（EOQ 模型）。这是库存管理中的一个很重要的工具，因为它可以测量最佳库存量。如果货物的需求量大于公司现有的持货量，那么客户将寻找其他地方买货，如果货物需求低于可用库存持货量，那么公司将不得不承担增加的库存成本。

　　当然，这是模型，模型就是不真实的，毕竟年度销售量有多少不是都能预测的，而订购成本也不可能是一成不变的，所以这个模型是不考虑采购能力和资金成本的。

　　那么，这个模型有什么用呢？有，降低订单成本！

　　订单成本包括库存成本，运输成本和采购订单处理成本。这个模型可以帮助找到订单数量，以最大限度地降低存储和订单成本。如果订单数量很大，下订单的频率会降低，从而降低订单成本。另一方面，订购量少、订货频率越高，订货成本越高。而通过该模型，可以寻找两个极端之间的盈亏平衡。

　　题外话：

　　很少人知道发明这个经济订货批量公式的是一位美国工程师，他不是会计，也不是数学家，这个人叫作福特·W·哈里斯。生于 1877 年，他没有读过大学，高中毕业之后就开始当工程学徒，然后成为一名工程绘图员，在 27 岁的时候，应聘到一家企业当工程师，这家企业叫作西屋电气公司。这家公司有一个大家非常熟悉的人，叫作特斯拉，就是那个发明交流电的天才。在 1912 年，这位美国工程师在计算生产用料的过程中，计算出一次制作多少部件最为合适，于是这个公式就发明出来了。1913 年，这位工程师将这条公式用论文的形式公布出来，虽然当时不是很出名。1914 年，他离开了西屋电气公司，去做律师，考取了律师证，做了专利律师。1922 年，在差不多 45 岁的时候，他在洛杉矶开办了一家律师事务所。不过真正让他出名的，还是他的那篇关于 EOQ 的论文，虽然是在他过世很多年之后了。

同时代的，还有另一个名人，虽然他的名字不被广为人知，但学过经济管理学的同学们考试时都会考到的，就是杜邦分析法，很多人以为这个分析法是杜邦发明的，其实不是，杜邦分析法是由唐纳森·布朗发明的。他 1902 年毕业于美国弗吉尼亚理工大学，获得电气工程理学学士学位，后来在 1909 年作为爆炸物推销员加入杜邦公司。注意，他是一点也不懂财务的。机缘之下，在 1912 年得到杜邦公司财务经理的赏识，因为他提出用统一的统计公式来评估公司的经营成本。1914 年，唐纳森·布朗撰写了一份关于杜邦几个部门的表现和成就的报告，这个报告是杜邦分析法的前身。这份报告不是一时就想到的，而是靠实践和经验的积累。此报告由财务经理转交给公司总裁，当时这份报告给总裁皮埃尔·杜邦留下了深刻的印象。

后来，皮埃尔·杜邦建议唐纳森·布朗在财务委员会担任职务，尽管唐纳森·布朗没有接受过正规财务培训，但他接受了这一职位。1914 年作为财务经理助理参与杜邦公司的管理工作。布朗制定了一个监控业务绩效的公式，将收入、营运资金，以及对工厂的投资结合到一个单一的衡量标准中，称之为"投资回报率"。作为计算投资回报率的"杜邦分析法"，更被杜邦下属许多公司采用，作为衡量其产品和财务状况的一种手段。这个杜邦分析法，直至现在也是学生必考的知识点。而唐纳森·布朗后来被调派到杜邦控股的通用汽车公司，将当时处于亏损的通用汽车转亏为盈，本人更是升职加薪，成为该公司的董事，直到退休。

第15章

电商公司的财务分析

　　老实说，当你向领导报告的时候，你如果只给了两张报表，什么也不说的话，这是工作没有做到位。所以最好会一点财务分析，向领导提供一下你自己的见解。我相信，这是领导特别需要的。所谓"知己知彼，百战不殆"，财务分析就是一个"知己"的过程。

15.1 财务分析是减少印象模糊的工具

很多人都喜欢用中间的办法来解决问题，不要激进的，不要保守的，所以他们会定一个比例和标准去确定能接受的程度。例如，有人买苹果时，高于 5 元的不要，因为吃不起，低于 3 元的不要，怕不好吃，于是 4 元的就接受了。财务分析也是一样，通过分析过去的财务信息，得出一个比例和标准，至于买不买，什么价钱买，那就是领导决定的事了。

如果企业规模是比较小的，请的人只有十几二十个，基本上，经营者对企业是不会存在印象模糊的地方，特别是一些白手起家的人。但如果企业规模超过 5 000 万元，人数有几百人的，这个时候，经营者就需要财务来帮他了，因为经营者见到的，感觉到的，未必是真实的，他需要一些数字，来"感觉"这家公司。

众所周知，我们的眼睛只能看到一定频率范围内的光，超过了这个范围的光，我们就无法直接看到。同样，我们的耳朵只能听到一定频率范围内的声音，超过这个范围的声音就无法听到，有时还会被干扰，甚至还会产生幻听。一个人的感知能力是受限的。同样，一个经营者认识到自己的企业有局限性，如果企业规模比较小，靠眼去看，靠耳去听，靠经验去判断，来减少自己的印象模糊。但当企业变大了，眼看到的，不一定是真的，耳听到的，也可能是虚的，就连他的经验，也有可能会欺骗他自己，但是数字不会撒谎。一个一个的数字，它们是冰冷的，客观的。通过一个又一个数字的计算推理，得出严谨的财务体系，这个数字代表什么，那个数字又代表什么。在一定程度上增加了人的想象力，减少了人的感官束缚，这是一个非常好的构建客观认知的工具。

学过会计的人都知道，会计是非常注重相关性、及时性、一贯性，这是会计学的原则。而在实际工作之中，财务分析之前，数据是不是相关的，是不是及时的，连贯的，都会影响财务分析能否得出客观的结果。

客观的财务分析可以根据数字去识别企业的经营趋势；可以根据数字去反馈企业的决策问题；还可以根据数字去消除企业的腐败行为。

会计不是销售，说他能直接挣钱吗？估计不太可能。会计不是技工，说他能创造价值，这也是不可能的，会计是什么？是一门语言！是一门能描述你的公司财务状况的语言。为什么近年来会计准则修改了多次，原因就是想将我国的会计准则与国际会计准则接轨。也就是说，国内公司的资产负债表能和国外公司的资产负债表无缝对接，也为公司顺利地走出国门打基础。

15.2　营运资本真的越大越好吗

财会金融岗位上工作数年的专业人士，估计都逃不过一个概念——营运资本。书上说，营运资本＝流动资产－流动负债。流动资本是什么？流动负债是什么？这些不用记，资产负债表上有。另外，有一种说法是："如果营运资本是正数，表示流动资产＞流动负债，说明流动资产比流动负债多，流动资产所占用的资金，除了流动负债（短期负债）提供的资金外，还有一些来自长期负债。企业没有偿债压力，财务状况稳定。

如果营运资本是负数，表示流动资产＜流动负债，说明流动资产比流动负债少，流动资产所占用的资金，除了要还流动负债（短期负债）外，还要还一些长期负债。企业到期急着还钱，财务状况不稳定。"

我认为上述说法是有问题的。在不考虑其他流动性项目的前提下，持有大量存货，挂着巨额应收账款，其实是比较危险的。例如，企业经常压货、赊销一样会让营运资本变大，但长期而言，如果你是电商公司，这可不是什么有利的事。

在实务之中，也有人明白这个说法，所以提出了一个新的指标，速动比率。

速动比率 =（流动资产 - 存货）÷ 流动负债

速动比率 = 速动资产 ÷ 流动负债

什么是速动资产呢？

现金、银行存款、股票债券以及各种应收款项等，可以在较短时间内变现的，称为速动资产。也就是说，将流动资产减去存货之后，剩下的可以动用的资产。毕竟，存货是非常难抵押的，很少有银行愿意对存货进行质押贷款，除非是房地产企业，手上还有几十套房子没卖出去。

速动比率假设速动资产是可偿债资产，表明每 1 元流动负债有多少速动资产作为偿债保障。

但这个比率是不是越大越好呢？不一定，不同的行业都是不同的，例如，电商公司的速动比率，都会比较高，因为压货不多，可以利用的资金较多。

当然，这只是一个指标，这里只是单纯地去解释这个指标的意义。因为影响企业的偿债能力不全是靠速动资产的，如果企业的信用很好，在短期偿债方面出现暂时困难，也是比较容易筹集到短缺现金的。

15.3 营运能力的比较

第一，存货周转率 = 销售成本 ÷ 平均存货余额。即在一个营业周期内（年）存货被制造及售出的次数。

存货周转天数 = 365 ÷ 存货周转率

常常经过一些商场，看到某公司亏本过多，要清仓大甩卖，全场一律 5 折，这时候我们都会很开心，以为可以捡便宜！但你知道清仓大甩卖的背后，真的代表着这家公司亏本吗？不是的，估计多数的原因是，为了增加存货周转率，才导致要清出积压的存货。

存货周转率有什么意义呢？通俗点来说，存货周转率就是一年内把仓库里的货卖光几次，如果一年可以把存货卖光 5 次，存货周转率就是 5。

如果存货周转率持续降低，就代表销售能力衰退，反之存货周转率持续升高，就代表销售能力上升。例如存货具有时效性，如女装之类，甚至会因为销售能力太差，而引导存货积压，这就不得不进行清仓处理了。

不过，这个存货周转率是多少才合理呢？需要对同行业的进行比较。

第二，应收账款周转率 = 收入 ÷ 平均应收账款，即企业年度内应收账款转为现金的平均次数，显示应收账款流动的速度，用来衡量公司回收赊销的效率。

应收账款周转天数 = 365÷ 应收账款周转率

以前很多企业在销货的时候，通常为了客户方便会让他们先拿走货物，过几天后再付现金。不过现在支付手段越来越方便，这种做法已经不能成为赊销的理由了。而客户把货物买走，应该要付但还没付的钱，称为应收账款。

应收账款周转率其实就是代表企业 1 年内，回收了客户多少次欠款。如果应收账款周转率 = 5，代表 1 年内收回客户 5 次欠款。这个指标其实对电商不太重要，毕竟很少有应收账款的，但是这个指标也要了解。

第三，资产周转率 = 收入 ÷ 平均总资产。资产周转率是衡量企业资产管理效率重要的财务比率。说白了，就是一年的收入能创造多少资产。如果资产周转率是 0.5，就表示，一年的收入能买下一半的资产。在杜邦分析法下，这个是基本的分析指标。

毕竟，如果单独看存货周转率，可能只觉得销售部门的能力强，但没有办法判断整个企业的经营能力是不是强，所以给出了资产周转率这个指标。对电商来说，这个才是重要的指标，因为电商是没有可抵押的资产的，想贷款，资产周转率是证明企业经营能力的重要指标。

第四，营运资金周转率 = 收入 ÷ 平均营运资金。其中，营运资金 = 流动资产－流动负债。营运资金周转率衡量公司运用短期资产创造收入的能力。营运资金周转率越高，代表公司运用短期资产创造收入的绩效越好。它反映营运资金周转速度，周转次数越多，代表以较少的流动资金完成较多的产品或服务。反过来，如果营运资金周转率偏低，则表示企业没有有效地运用营运资金，导致营运资金发生呆滞的现象。也就是说，判断一家企业的经营能力，可以看看拿多少钱办了多大的事，如果用 1 元钱做了 10 元的生意，那么营运能力还是不错的。

总结一下，反映经营能力的指标主要有四种：

（1）存货周转率→越高，反映销售部门的销售效率越高。

（2）应收账款周转率 → 越高，反映信用部门的收款效率越高。

（3）资产周转率→越高，反映公司整体的经营能力越强。

（4）营运资金周转率→越高，反映公司资金的利用能力越强。

现在很多电商企业规模较小，大多数没有招聘财务人员，又或者选择代理记账，很多时候连创业者本人都搞不清楚这个月的财务信息。这是不行的，如果公司做大了，希望未来有天使投资人过来投资，就一定要做好财务报表。因为这个报表一定要给投资人看的，而且投资人更看重财务分析指标。一旦开始没做好财务报表，当经营三五年后有人投资时，势必要花更多时间和精力做报表给投资人看。

除了以上这几个比较普遍的财务指标之外，还有四个比较重要的财务指标，专门针对电子商务的：（1）客户成本；（2）转化率；（3）购物车弃置率；（4）平均订单价值。

客户成本，就是将获得更多客户所花的钱（如营销费用）除以花钱期间获得的客户数量来计算。例如，如果一家企业在一个月内花费 10 000 元进行营销，并在同一个月内吸引了 100 个客户，那么客户成本就是 100 元。这种方法电商行业经常会用到的，这是引流。

转化率表示企业网站的访问量转化为潜在客户的百分比。毕竟在引流后要产生转换，最好就是将每个产品或广告系列都设一个转化率。这些转化率用于衡量目标广告的有效性，深入了解哪个商品的内容最吸引人。计算转化率实际上相当容易。只需要将在指定时间范围内获得的转化次数除以访问企业网站的总人数。转换率＝（转化次数÷总访问者数）×100％。

购物车弃置率。在线上零售中，该指标至关重要。是什么原因分散了用户的注意力，使得交易无法在线完成。要么，价格不吸引；要么，网上图片太差；又或者有竞争对手。因此，弃置率对销量是有很大影响的。计算方法是，购物车弃置率＝未完成结算的购物车数量÷启动购物车的数量×100％。

平均订单价值。虽然这个指标计算比较简单，但是很重要，只需跟踪每次客户在网上下订单时所花费的平均金额，就可以计算出公司的平均订单价值。即将当月总收入除以当月订单数量。例如，1 月份，你的网上商店的销售额为 30 000 美元，而你总共有 1 000 个订单。30 000 美元除以 1 000 等于 30 美元，因此 1 月份的平均订单价值为 30 美元。这个是衡量客户购买习惯的指标，非常有助于你的选品和定价。

除了以上这四个基本的财务指标，当然还有很多不同的指标。不过，围绕这四个指标，基本上就可以了解到线上销售的问题所在，多了就会眼花缭乱，反而将真正的问题忽略了。

第16章

FBA 的库存管理

如果做亚马逊生意久了，大多数都会选择 FBA 服务。虽然钱交得不少，但销售额也增加不少。当然，不是每家企业交的 FBA 服务费都是一样的，有些企业做库存管理比较好的，能省下不少开支。

16.1　FBA 有什么省钱优势

如果在使用亚马逊 FBA 的同时，也可以在其他购物网店使用 FBA 的服务。这样不但能省去额外仓库的库存管理，也可以在其他购物网店有足够流量时，让销售员直接从其他网店发货，节省亚马逊平台上交易的手续费用。

此外，当开通 FBA 货通全球的服务时，也可以通过 FBA 的仓储配送商品到全球各地。额外的物流费用，亚马逊都会从后台帮消费者算好，卖家只需要支付原先的物流仓储费用即可，就能把商品通过亚马逊的物流服务在全世界销售了。

可以说 FBA 其实就像是亚马逊下面的物流转运公司，它可以将你的商品配送到国外大部分的地区。

16.2　FBA 如何收费

每个国家亚马逊平台的收费标准都不一样。但是，都是由两部分组成。

一是物流配送费用，二是仓储费。

美国亚马逊对于 1 磅（450 克）的物流配送收费是 2.41 美元，而日本亚马逊同样规格的物流配送收费是 226 日元。有点差异，但不大。这里就不一一列举了，大家可以上各个国家的亚马逊平台查找。

这里重点说一下仓储费，亚马逊的仓储费用包括每月仓储费用及长期仓储费用。

从 2018 年 4 月开始，亚马逊调整了 FBA 费用中的仓储费用，标准尺寸商品每月仓储费用为 1 ~ 9 月：每 1 立方英尺 $0.69 美元（约人民币 4.5 元）；10 ~ 12 月：每 1 立方英尺 $2.40 美元（约人民币 16.5 元）。除此之外，还有长期仓储费用。

从 2018 年 9 月 15 号开始，卖家的长期仓储费用，将会在每个月的 15 号检查一次。已在物流中心存放 181~365 天的商品，每立方英尺每个月将会收取 3.45 美元，而超过一年的时间，每立方英尺将会收取 6.9 美元。

如果商品价值不高，而且容易存在长期积压，就不要选择 FBA 了。

那么如何计算呢？这个是重点，很多人就是因为计算错误，增加了不必要的开支。

这里建议大家安装 Google 浏览器，然后下载一个插件：Amazon FBA 计算器，如图 16.1 和图 16.2 所示。

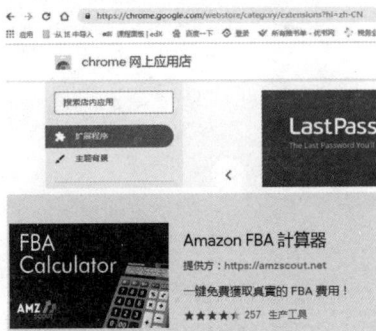

图 16.1　FBA 计算器界面

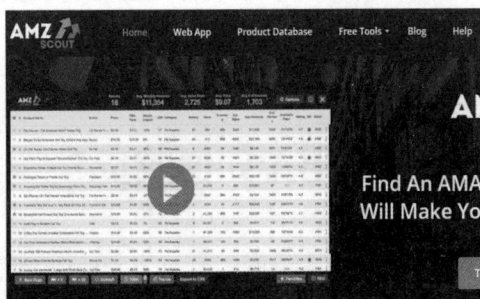

图 16.2　FBA 计算器示例界面 1

只要到亚马逊上的商品界面，点开 Chrome 外挂工具，找到类似的商品，输入制造成本、海运费用、产品售价，就会计算出使用 FBA 可能的获利及 FBA 费用了。

例如，想查一只产自我国的杯子在亚马逊要多少 FBA 费用。打开产品的销售界面，然后再单击 Amazon FBA 计算器按钮，就能估算出 FBA 的金额了，这里具有一定的参考价值，如图 16.3 所示。

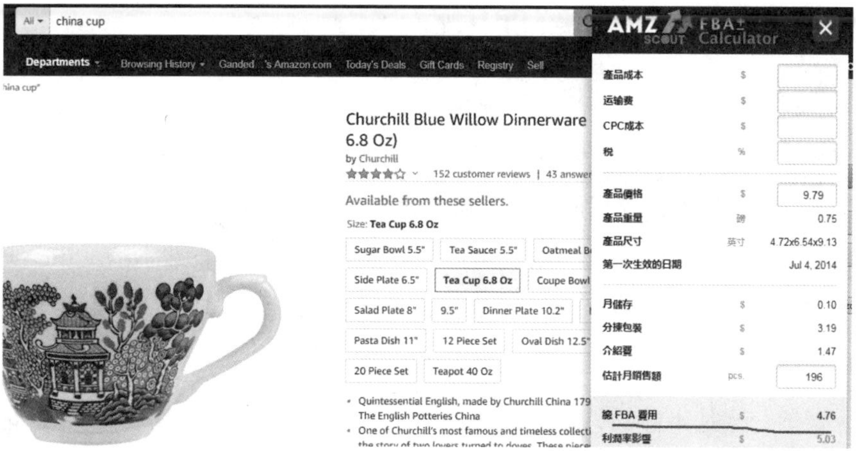

图 16.3　FBA 计算器示例图 2

　　所以在这个计算表格中，除了需要填写产品成本（1）、预估运费（2）之外，还要估算有多少税金。如此一来，就可以更精准地算出产品是要自己出货还是从 Amazon FBA 发货，又或者计算出利润大概是多少。老实说，这个杯子如果所有成本大于 5 美元，基本上是亏损的。

　　在成本组成上，预估运费是比较重要的。因为使用不同的运输方式发货，运费是不一样的。例如，空运的时候，国际物流公司会根据 FBA 仓库的地址、产品的体积和重量来核算价格。使用空运进行 FBA 头程运输也有可能会产生关税，不同国家有关进出口货物的关税政策是不一样的，在不同时期也会有所调整。比如美国，它的海外进口物品的免税额原来是 200 美元，但从 2016 年 3 月起调到了 800 美元，只要进口物品的申报价值没有超过 800 美元，就不会产生关税。

　　如果是海运的话，运费可能比较少，但时效也是非常慢的。从我国到美国，最起码需要花费 25 天时间。当然，如果货物对时间没有太大要求的话，用海运也是不错的选择。

16.3 FBA 如何管理库存

虽然 FBA 不是我们自己的仓库，但是我们是有使用权的，但使用权是要收费的。上文说到的存货周转率，这里就可以应用上了。

卖家通过存货周转率，对某种产品的库存周期应该有基本的认识，基本上能判断出该产品是否热销，哪个时间点更好卖，从而可以做出精准的库存采购计划。

当然，这是不够的，最好还能实时了解自己的即时库存，方便自己能作出更好的决策。所以很多电商公司都会上 ERP。不过，如果没有 ERP，也可以在亚马逊的后台"库存管理"中查找自己的商品（如图 16.4 所示），导入 Excel 进行简单的管理。但如果要卖的商品较多，而且拥有的店铺较多时，建议还是用 ERP 吧。因为亚马逊 FBA 费用很多，除了基本的 FBA 费用，还有退货处理费、补货费或回仓费、物流标签和准备服务费用、移除订单费等，所以还是上 ERP 实惠。

虽然现在很多的跨境 ERP 有些免费，但是，有些功能是受限的，不过，相对于省钱来说，一个好的 ERP，的确可以节约不少成本。

	免费版	VIP 1 购买	VIP 2 购买
产品导入/导出（个/日）	50	5,000	∞
Wish产品批量检测价格差异	—	∞	∞
Wish、eBay产品定时发布 ①	—	1,000	2,000
eBay自动补货（个）	2	1,500	3,000
eBay自动重新刊登（个）	2	1,500	3,000
eBay关联营销（新）	—	年费 ✓	✓
Amazon定时跟卖（个）	2	50	200
Amazon跟卖监控（个）	2	50	200
Amazon智能调价	2个（每60分钟更新一次）	50个（每30分钟更新一次）	200个（每15分钟更新一次）
Amazon Review监控（个）	5	50	200

图 16.4　FBA 库存管理示例图

最后是关于 FBA 库存异常问题。有时，FBA 入库数量与发货的数量是对不上的，如果亚马逊的到货数量真的少于发货数量，可以开启调查。再厉害的公司，当有人工操作的时候，总会有一定概率会出现失误。官方核实货物确实丢失后，会按照现售价给予赔偿。

一般来说，出现发货数量差异的原因之一是因为亚马逊 Prime 会员申请退货，但并没有在官方规定的时间内退货到亚马逊仓库，又或者退货运输途中货物丢失。这个时候亚马逊会自动赔款。不过，有时也会出现未收到退货并且没有收到官方赔偿的情况，这时可以进行人工申请。

制订一个优秀的 FBA 计划，需要考虑的因素比较多，除了要考虑销量的动态性和亚马逊到货周期，还要考虑其他费用，这些都增加了计划的难度。如果管理人员的素质比较高，有时会比用 ERP 系统要好。

ERP 的英文全称叫 Enterprise Resource Planning，企业资源规划，现在提到的跨境电商 ERP，就是专业服务于跨境电商这个细分领域的 ERP 系统，用于对接跨境电商平台和众多货代系统、可实现多平台账号管理、智能发货、精细化采购、库存管理、详细的统计报表等流程。

在库存管理上，可以实现多仓库库存统一管理。也就是说，在亚马逊有10 个店铺，但可以共用一个库存统一安排采购，订单统一匹配相应的物流，查看仓库中是否有货，都可以在 ERP 上进行统一的管理。不过非常可惜的是，这一类的跨境电商 ERP 很少涉及流程管理，与传统的 ERP 不一样。不过对小企业来说，这个已经够用了。而对于电商会计来说，可以减少存货核算的工作量，做账可以用其他软件去实现。

什么是全球速卖通

全球速卖通（英文名：AliExpress）是阿里巴巴集团旗下面向全球市场的跨境新零售平台，成立于2010年，可以理解为国际版的天猫。当然，目前来说，还是亚马逊、eBAY、Wish在世界上更具有影响力。不过，胜在方便，只要在天猫能申请开店，拿着同样的资料也可以在速卖通申请开店。

17.1　如何入驻全球速卖通，有哪些费用

入驻全球速卖通需要以下条件。

（1）需要企业资质，个体户和有限公司都可以。不过，个人推荐用有限公司入驻，因为如果是个体户的话，有销售限制。

（2）需要有英文商标（R/TM 标）。注册一个英文商标不难，国内有很多商标公司可以办到，但是要有独立的品牌。

（3）需要确定经营范围。每个全球速卖通账号只准选取一个经营范围经营，而且每年要缴纳年费。作为一名会计，这些费用一定要了解。下面发一份 2018 年的年费标准给大家参考一下，见表 17.1。

表 17.1　速卖通 2018 年度各类目技术服务费年费及考核一览表

序号	2019 经营大类	年费	经营大类下可发布的类目	是否开放基础销售计划	返 50% 年费对应年销售额（美金）	返 100% 年费对应年销售额（美金）
1	珠宝手表（含精品珠宝）	1 万	Jewelry & Accessories 珠宝饰品及配件 Watches 手表 以下类目可共享发布： Apparel Accessories 服饰配饰（男 / 女 / 儿童配件，婴儿配饰发到婴儿服装） Men's Clothing 男装 Women's Clothing 女装 Novelty & Special Use 新奇特及特殊用途服装 Underwear, Socks, Sleep & Lounge Wear 男女内衣 / 家居服 / 袜子 Weddings & EventsWedding Accessories 婚庆配饰	是	5 000	30 000

序号	2019 经营大类	年费	经营大类下可发布的类目	是否开放基础销售计划	返 50% 年费对应年销售额（美金）	返 100% 年费对应年销售额（美金）
1	珠宝手表（含精品珠宝）	1 万	Consumer Electronics>Smart Electronics>Wearable Devices>Wristbands 腕带 Consumer Electronics>Smart Electronics>Wearable Devices>Smart Watches 智能手表	是	5 000	30 000
2	服装服饰	1 万	以下类目可共享发布（详见下载表格）：1. 珠宝饰品及配件、手表 2. 箱包部分类目 3. 孕婴童 > 儿童服装（2 岁以上）> 亲子装 4. 男女鞋类目 5. 泳装类目 6. Apparel Fabrics & Textiles 服装面辅料 & 纺织品	是	15 000	45 000
3	婚纱礼服	1 万	Weddings & Events 婚礼及重要场合 以下类目可共享发布：1.Jewelry & Accessories Fashion Jewelry 流行饰品 2. Apparel Fabrics & Textiles 服装面辅料 & 纺织	是	25 000	50 000
4	美容个护（含护肤品）	1 万	Beauty & Health Tools & Accessories 工具 / 配件 Beauty & Health Tattoo & Body Art 纹身及身体彩绘 Beauty & Health Skin Care Tool 护肤工具 Beauty & Health Shaving & Hair Removal 剃须及脱毛产品	是	15 000	40 000

续上表

序号	2019 经营大类	年费	经营大类下可发布的类目	是否开放基础销售计划	返 50% 年费对应年销售额（美金）	返 100% 年费对应年销售额（美金）
4	美容个护（含护肤品）	1 万	Beauty & Health Sanitary Paper 卫生用纸 Beauty & Health Oral Hygiene 口腔清洁 Beauty & Health Nail Art & Tools 美甲用品及修甲工具 Beauty & Health Makeup 彩妆 Beauty & Health Hair Care & Styling 头发护理 / 造型 Beauty & Health Bath & Shower 沐浴用品 Beauty & Health Fragrances & Deodorants 香氛 / 除臭芳香用品 Beauty & Health Skin Care 护肤品 Home Appliances>Personal Care Appliances 部分类目（详见下载表格） 以下类目可共享发布： Massage & Relaxation 按摩 Massage Products 按摩产品 Massage Appliance 按摩器	是	15 000	40 000
5	真人发（定向邀约制）	5 万	Hair Extensions & Wigs Beauty Supply Hair Extensions & Wigs Hair Salon Supply Hair Extensions & Wigs Human Wigs Hair Extensions & Wigs Human Hair 1 Hair Extensions & Wigs Human Hair 2 以下类目可共享发布 Beauty & Health-Hair Care & Stylin	否	60 000	200 000
6	化纤发（定向邀约制）	1 万	Hair Extensions & Wigs Synthetic Hair 化纤发 以下类目可共享发布 Beauty & Health-Hair Care & Styling	否	60 000	200 000

续上表

序号	2019 经营大类	年费	经营大类下可发布的类目	是否开放基础销售计划	返50%年费对应年销售额（美金）	返100%年费对应年销售额（美金）
7	母婴玩具	1万	Mother & Kids　孕婴童 Toys & Hobbies　玩具 以下类目可共享发布： Shoes　鞋	是	15 000	30 000
8	箱包鞋类	1万	Luggage & Bags　箱包 Shoes　鞋子 以下类目可共享发布： Mother & Kids Children's Shoes　童鞋 Men's Clothing　男装 Women's Clothing　女装 Mother & Kids Baby Shoes　婴儿鞋 Apparel Accessories　服饰配饰（男／女／儿童配件，婴儿配饰发到婴儿服装） Novelty & Special Use World Apparel　世界民族服饰 Novelty & Special Use Stage & Dance Wear　舞台表演服和舞蹈	是	12 000	35 000
9	健康保健	1万	Beauty & Health Health Care　健康保健 以下类目可共享发布： Beauty & Health -Sex Products-Safer Sex　安全／避孕 Skin Care Tool 护肤工	是	18 000	50 000
	成人用品	1万	Beauty & Health Sex Products　成人用品 以下类目可共享发布： Novelty & Special Use-Exotic Apparel 情趣服装（不要发布日常穿着的性感内衣）	否	25 000	65 000

续上表

序号	2019 经营大类	年费	经营大类下可发布的类目	是否开放基础销售计划	返 50% 年费对应年销售额（美金）	返 100% 年费对应年销售额（美金）
10	3C 数码（除【内置存储】,【移动硬盘,U盘,刻录盘】、电子烟、手机、电子元器件）（投影仪定向邀约）	1 万	Security & Protection　安全防护 Office & School Supplies　办公文教用品 Phones & Telecommunications　电话和通信 Computer & Office　电脑和办公 Consumer Electronics　消费电子	是	15 000	36 000
	内置存储,移动硬盘,U盘,刻录盘	1 万	Computer & Office Internal Storage 内置存储（包含内置固态硬盘、储存卡、存储卡配件（读卡器、存储卡卡套/适配器/转卡器/内存卡盒）、固态硬盘托架和支架） Computer & Office External Storage 移动硬盘,U盘,刻录盘（包含刻录盘、外置机械移动硬盘、外置固态硬盘、硬盘壳包、硬盘盒、U盘）	否	8 000	25 000
	电子烟	3 万	Consumer Electronics Electronic Cigarettes　电子烟	否	60 000	120 000
	手机	3 万	Phones & Telecommunications Mobile Phones　手机	否	45 000	100 000
11	电子元器件（定向邀约制）	1 万	Electronic Components & Supplies 电子元器件	否	30 000	65 000
12	汽摩配	1 万	Automobiles & Motorcycles　汽车、摩托车	是	15 000	36 000

序号	2019 经营大类	年费	经营大类下可发布的类目	是否开放基础销售计划	返50%年费对应年销售额（美金）	返100%年费对应年销售额（美金）
13	家居家具家装灯具工具	1万	Furniture　家具和室内装饰品 Home & Garden　家居用品 Home Improvement　家装（硬装） Lights & Lighting　照明灯饰 Tools　工具	是	15 000	40 000
14	家用电器	1万	Home Appliances　家用电器	否	15 000	36 000
15	运动娱乐（含电动滑板车）	1万	Sports & Entertainment　运动及娱乐 Sports & Entertainment Cycling Self Balance Scooters 平衡车 Sports & Entertainment Roller,Skateboard &Scooters Scooters Electric Scooters 电动滑板车	是	10 000	25 000

以上这份表格中有平台定向邀约的，就算是有自己的产品，但也不能上架销售，这是一个门槛。另外，如果卖得好，如服装，年销售额达到15 000美元的话，可以返还一半年费，超过45 000美元的话，可以返还全部年费。不过哪有这么容易实现呀，想销售得好，就要做推广，这方面也需要花销。而且，全球速卖通要求卖家最少要拥有一个自己的品牌。

因为国外比较注重知识产权，如果你没有品牌的话，就会因为销售假冒产品被当地国家的法院检控，然后去平台索取赔偿。传统的出口业务，出口可以用无牌的，但这是针对批发。因为批发可以在国外贴牌，这是合法的。

17.2　入驻全球速卖通后，有哪些费用

17.2.1　交易佣金

平台会在交易完成后，收取卖家（包括出口通会员和全球速卖通注册会员）订单成交总金额（包含产品金额和运费）5%~8% 的佣金。全球速卖通各类目交易佣金标准不同，有的为 8%，有的 5%。同时，全球速卖通将根据行业发展动态等情况不定期调整佣金比例。很多国外平台的佣金都是 10% 以上的，例如 Wish 就要 15% 的佣金。

在核算销售收入的时候，不是按交易金额，而是按销售金额 ×(1-8%) 计算。

17.2.2　推广费用

推广费用与淘宝一样，全球速卖通是有直通车推广的，打开直通车。选择需要推广的商品，关键词竞价排名，按点击收费。热门的关键词要想排到第一页，每次点击需要付出几元到几十元的成本。基本上，要做成 2 000 美元的生意差不多要 1 000 元人民币。不过，如果关键字和排版选得好，不用开通直通车也是可以有流量的，因为国外用的是 Google 或 Yahoo 搜索，跟国内的不一样。新手可以用优化商品的标题来描述商品内容，在于提高搜寻结果，这是免费的。

例如，打开 Google 搜索 "buy china wear"，在第一页就可以查到，如图 17.1 和图 17.2 所示。

Exclusive: Burberry to Cut Prices in China on Ready-to-Wear and Bags
https://jingdaily.com/exclusive-burberry-cut-prices/ ▼ 翻譯這個網頁
2018年7月12日 - Burberry China plans to offer price reductions on a range of items, ... Cuts Prices in China As Gov't Seeks to Boost Luxury BuyingBy Yiling Pan ...

China's Athleisure Market Isn't Going Anywhere As Functional Fitness ...
https://jingdaily.com/chinas-athleisure-market-isnt-going-anywhere-fun... ▼ 翻譯這個網頁
2017年1月5日 - But it seems that there's no slowing down in China when it comes to brands ... "But I hardly wear athleisure at work because of my job. But I do ...

Popular Chinese Casual Wear-Buy Cheap Chinese ... - AliExpress
https://www.aliexpress.com/popular/chinese-casual-wear.html ▼ 翻譯這個網頁
2018 Online shopping for popular & hot Chinese Casual Wear from Men's Clothing & Accessories, Casual Pants, Women's Clothing & Accessories, Dresses and ...

Goooooooooogle ›
1 2 3 4 5 6 7 8 9 10   下一頁

图 17.1　搜索示例界面

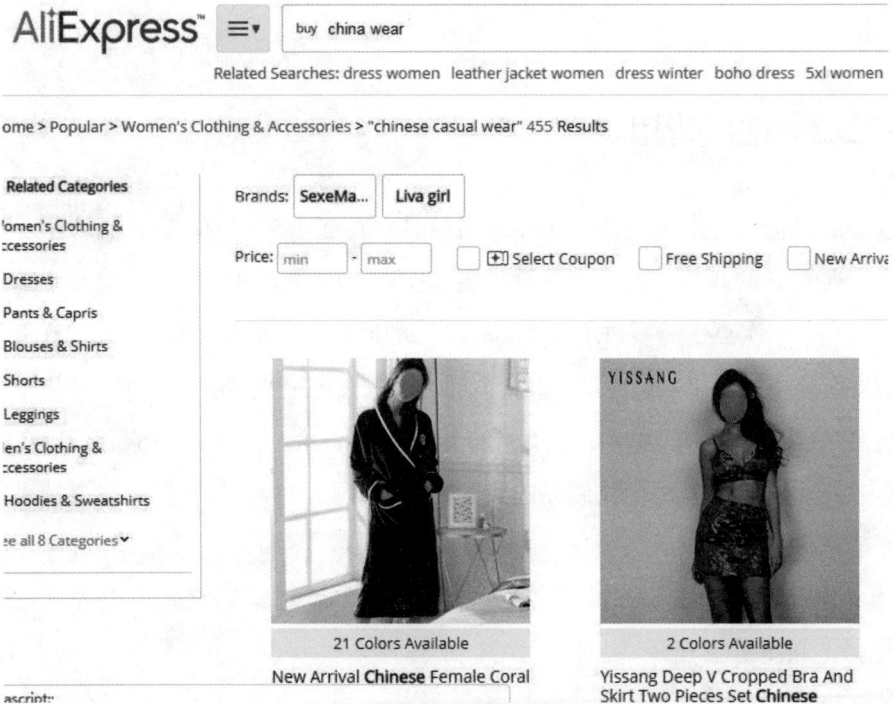

AliExpress™　≡▾　buy　china wear

Related Searches: dress women　leather jacket women　dress winter　boho dress　5xl women

ome > Popular > Women's Clothing & Accessories > "chinese casual wear" 455 Results

Related Categories

Brands:　SexeMa...　Liva girl

Price:　min　-　max　☐ ⊞ Select Coupon　☐ Free Shipping　☐ New Arriva

'omen's Clothing & ccessories

Dresses

Pants & Capris

Blouses & Shirts

Shorts

Leggings

en's Clothing & ccessories

Hoodies & Sweatshirts

e all 8 Categories ▾

YISSANG

21 Colors Available

2 Colors Available

New Arrival **Chinese** Female Coral

Yissang Deep V Cropped Bra And Skirt Two Pieces Set **Chinese**

ascript:

图 17.2　全球速卖通示例界面

除此之外，国外的社交网站也是流量比较集中的地方，具有明显的层次性，商家所卖产品可针对不同的社交网站进行推广，目前比较有名的社交网站有 Facebook，Twitter，Pinterest 等，可以吸引大量客户，成为重要的资源，而且最重要的是这些都不收费。

17.3 全球速卖通如何收款

全球速卖通收款途径如下：

一种是把钱打到企业支付宝里面，企业支付宝是有结汇功能的，可以直接结汇。

另一种是比较麻烦一点，首先要有两个账户，一个是外国银行账户，即美元户，一个是人民币账户。然后在速卖通后台操作：交易→资金账户管理→支付宝国际账户→"我要提现"→填写提现的金额→填写短信验证码→支付宝密码→7 个工作日内到账。这个是有限额的，每个人一年 5 万美元，差不多 30 万元人民币，如图 17.3 所示。

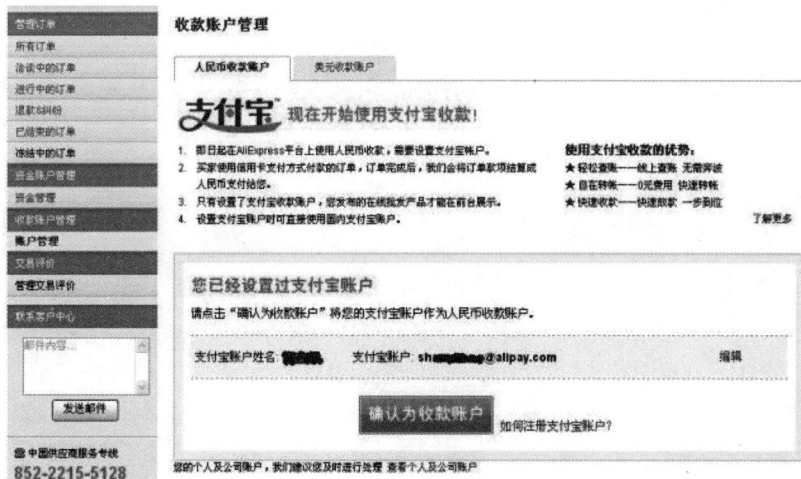

图 17.3 全球速卖通收款示例界面

最好还是用企业支付宝直接结汇，因为没有限额，也方便核算做账。

17.4　出口和内销要分开核算

如果你的公司在天猫设了店，也在全球速卖通设了店，记得两者的收入和成本都要分开核算。这个是会计法中规定的，没有办法修改。

为什么要这样呢？主要是因为税金。出口销售是免增值税的，而内销是要交增值税的，而且出口是按美元来计算收入，内销是以人民币来计算收入，两者的计算口径不一样，所以收入要分开核算。收入分开之后，成本是不是要分开呢？这是肯定的，出口销售的增值税是暂不抵扣的，但内销的增值税是允许抵扣的，而且，按会计学原理，收入是与成本匹配的。所以成本也必须要分开核算。

具体来说，就是要做两张利润表，一张是出口的，一张是内销的。有人会问，这样是不是会很麻烦？当然，必须遵守法规，再麻烦也要分开核算。

第 18 章

什么是 eBay

eBay 是一个消费者对消费者销售（C2C）而闻名的在线购物网站，如果想做生意，这是一个比较好的渠道。

18.1 eBay 与淘宝是不同的

eBay 的盈利模式是向卖家收取商品展示费、交易佣金、支付佣金等与交易相关的费用。此外，还拥有少量广告费，但与淘宝不一样，淘宝主要是收取广告费，卖家在淘宝开店是不收费的，而且淘宝是不收佣金的，不过天猫收。老实说，10 年前，淘宝的收入还是不错的。

就电商会计来说，eBay 的费用是透明的。下面以 eBay 香港站向大家介绍一下开店的费用。

在 eBay 香港网站开设商店，需要注意商店等级缴付使用费用。请注意：一旦开 eBay 商店，便至少付首 30 日的费用，现时商店并不设免费试用，见表 18.1。

表 18.1　eBay 费用表

等级	月费
一般商店	HK$50
精选商店	HK$250

物品特色功能费用					
特色功能	30 天	60 天	90 天	120 天	无限期刊登（每 30 天重新刊登一次）
页面设计师	免费	免费	免费	免费	免费
图片浏览	免费	免费	免费	免费	免费
副标题	HK$0.50	HK$1	HK$2	HK$3	HK$0.50
粗体字	HK$0.50	HK$1	HK$2	HK$3	HK$0.50
特别标示	HK$1	HK$2	HK$3	HK$4	HK$1
框线	HK$2	HK$4	HK$6	HK$8	HK$2
图片浏览优先刊登	HK$10	HK$20	HK$30	HK$40	HK$10
搜寻结果优先刊登	HK$10	HK$20	HK$30	HK$40	HK$10

续上表

物品 –eBay 图片服务费用					
特色功能	30 天	60 天	90 天	120 天	无限期刊登（每 30 天重新刊登一次）
头 3 张图片	免费	免费	免费	免费	免费
第 4 张图片起，每张	HK$0.10	HK$0.10	HK$0.10	HK$0.10	HK$0.10/30 天
极大图片	HK$1	HK$2	HK$3	HK$4	HK$1/30 天
图片展示	HK$1	HK$2	HK$3	HK$4	HK$1
图片展示优惠套餐	HK$1.15	HK$1.15	HK$1.15	HK$1.15	HK$1.15

除了开店的费用之外，还要收取佣金，也就是成交费，香港站是不收佣金的，其他地区就需要了。如英国是 10% 的佣金，即销售价格的 10% 作为成交费用。

当然，作为一名电商会计，不需要操心选择哪个套餐，这是运营关心的，但需要会计知道有哪些费用和如何进行缴费。

eBay 提供三种缴付费用的方法：信用卡（进行每月自动付款或单次付款）、PayPal（进行单次付款）和银行转账（进行单次付款）。

个人建议用 PayPal 支付，因为当一个人控制几个地方的店铺时，用 PayPal 付款链接，更加方便快捷。

18.2　什么是 PayPal

PayPal 其实是一个第三方支付平台。2002 年 10 月，eBay 以 15 亿美元收购 PayPal，PayPal 便成为 eBay 的主要付款途径之一。不过和支付宝不同的是，PayPal 收取比较高的手续费。本国（同一国家）收款收取 1.5%+0.3 美元，跨国（不同国家）收取 3.9%+0.3 美元。

这个 PayPal 可以实现跨国支付，不过限制也非常多，PayPal 会经常检测用户登录账号时的 IP，如常变换 IP 则会被限制（甚至冻结），这样虽然可以有效防止账号被盗用，但是如果经常用手机上网，或用周围的 Wi-Fi 上网，就有被限制的风险，也相当不便。所以随着移动支付的发展，eBay 打算在 2020 年与 PayPal 切割，增设 Apple Pay 和 Google Pay 来代替 PayPal。

在我国，PayPal 称之为贝宝，2005 年与上海网付易信息技术有限公司合作开通的网络支付服务。贝宝使用人民币作为唯一的结算货币，不能兑换其他货币用作国际支付。

从 PayPal 提现到国内有两种途径：

提现到内地的银行，是比较实用的方式。目前内地有 13 家银行可支持 PayPal 提现，PayPal 固定收取提现费 35 美元，提现失败的话退还费用是 15 美元。由于电汇方式费用固定（35 美元，等于在香港银行兑换 1 400 美元所收取的 2.5% 的兑换费），故超过 1 400 美元以电汇提现费率更低。但在内地，个人有 5 万元美元 / 年的限额，企业的话，要具有进出口权。

通过香港银行提现，美元兑换港元收 2.5% 兑换费，1 000 港元或以上免费，1 000 港元以下收 3.5 港元。提现失败的退还费是 20 港元。通过香港银行提现是比较方便快捷的方式，中国银行、中国工商银行、交通银行、中国建设银行都允许在内地申请香港账户，也可亲自到香港开户。不过要等，不是马上就可以办好。而且香港账户普遍要收年费，活期 10 万元以上免费，不足则收取约 60 港元，另外还要算上港元兑人民币的汇率。但有一个好处是，没有外汇限制。

对于经常从事网上交易的卖家，可以申请企业账户，企业账户收费较贵，但功能最齐全。有一些对小型企业很有用的功能：如为员工设定部分权限，方便他们管理账户，和接收没有 PayPal 账户的买家支付的款项等。

不过，与支付宝不一样的是，PayPal 是有买家保护机制的，而且是 60 天，如果买家觉得货不对版，又或者没有收到货，PayPal 是会将款项原路退回给买家的，所以经常听到卖家抱怨，生意做成了，但钱也没收到。

18.3　eBay 的账户被冻结，会计怎么办

很多运营 eBay 的公司都有十几个账户去开设店铺，希望可以增加出货量。但有时候 eBay 不管产品销售得有多好，也会冻结账户。也就是说，商品不能上架和销售了。eBay 冻结账户的原因如下：

（1）订单发货太迟。

（2）订单物流跟踪码上传不及时。

（3）高差评。

（4）不缴纳佣金。

（5）销售假冒伪劣产品。

注意，绝对不能销售假冒伪劣产品。国内外对知识产权保护都有非常严格的法律规定，冻结账号是最轻的处理，有时还要打官司。而且官司就算赢了，也会损失一笔律师费。

（6）利用另一个 eBay 账号销售同一款产品。

特别是第 6 点，虽然有十几个账户，但产品一定要分开，不能多个账号卖同一款产品。

其实被冻结不用怕，不要马上打电话给 eBay 要求解除封号，这是没用的。可以根据 eBay 发的邮件，了解自己账号被暂停的原因。如果是 eBay Store 订阅用户，而且是企业卖家用户，这时候可以寻求 eBay 的客户支持提供帮助。如果客服无法解决你的疑问，可以与客服经理沟通。然后根据客服经理的建议，修改上架货物的问题，同时保证不会再发生同类事情。否则即使账号恢复了，下一次还会被冻结，而且可能就是永久被冻结。

如果真的被冻结了，作为电商会计，就要马上行动了，因为 eBay 和 PayPal 虽然是两家公司，但都是有关联的。一般来说，最好一个 eBay 账户对应一个 PayPal 账户，当某个 eBay 账户被冻结了，对应的 PayPal 账户最好马

上提现，或将钱转走，以免 PayPal 账户也被冻结，造成损失。

　　另外如果再开店，切记新 eBay 账户不要关联旧的 PayPal 账户，也就是说，新的 eBay 账户一定只能关联新的 PayPal 账户。

第19章 什么是 Wish

Wish 平台是一个比较特别的手机购物平台，大多数的 Wish 用户都是用手机端进行购物的，这一点和 eBay、亚马逊有点不一样。使用 Wish 购物的买家都是比较年轻的顾客，而且品位比较新奇和个性化。不过，这些都不是 Wish 的特点，它的特点是绝大部分的卖家都是中国人，什么？没错，90% 的卖家是中国人。因为 Wish 平台成功的诀窍是吸引大部分的年轻买家，其 App 上销售的产品走廉价路线，而且大部分产品都直接发货。老实说，这一点非常值得我们其他电商平台参考，因为走廉价路线是一件抢占市场的利器呀！

19.1 Wish 的盈利模式

和 eBay 不同的是，以前在 Wish 开店是不花钱的，不过 2018 年 10 月 10 日之后，就要收 2 000 美元费用，而且销售成交后，要收取 15% 的佣金。不销售不产生佣金。它欢迎个人卖家，所以门槛不高。作为卖家，只要你的图片制作精美，标题准，物流快，就容易销售。因为 Wish 有一套推荐算法，以瀑布流形式为各个不同的用户推荐他们可能会感兴趣的商品。就是用户 A 打开手机看到的商品和用户 B 打开的不一样。更重要的是，这一切都是在后台服务器端自动进行的，用户每一次打开 Wish，都会发现自己感兴趣的商品。所以没有推广费用，不像淘宝要输入关键字之类的，所以非常适合新手卖家。

Wish 的特点是，帮助消费者跳过零售中间商，让网站本身成为零售中间商。这个比较像早期的淘宝，如图 19.1 所示。

图 19.1 Wish 示例界面

19.2 做 Wish，最好有海外仓

跨境物流一直是跨境电商行业的一大痛点，想快一点，走空运，但成本高；便宜一点，走海运，但速度慢。所以如果希望降低成本，加快配送时效，最有效的措施就是建立海外仓，帮忙处理物流方面的事情。只需要把货物批量发到海外仓库，在线处理发货订单，那么海外仓就会完成取货、对比、打包、贴单、发货等一系列繁杂的物流流程了。更重要的是，可快速提升消费者跨境购物体验。另外，值得注意的是，不是所有东西都能在 Wish 上面售卖的，以下几类是禁止上架的。

- 仿品：各大名牌的高仿或相似的外形设计都算是仿品；
- 非版权所有产品：版权属于其他人的产品；
- 服务性产品：不具有实物形态的产品和服务；
- 虚拟产品和数码产品：即无形的产品或需以电子形式传输的产品；
- 实体或电子礼品卡；
- 酒精类产品；
- 烟草及其他可吸食的烟类产品，包括电子烟；
- 打火机；
- 危险化学品；
- 纹身枪；
- 自行车及摩托车头盔（这个很难理解）；
- 毒品、医用药物、吸毒工具；
- 活的动物、非法的动物制品；
- 植物种子；
- 人体残骸和人体部位（不包括头发和牙齿）；
- 情色或成人淫秽物品；

· 枪械及武器；

· 儿童安全座椅；

· 封面裸露产品。

最后，还有一个地方也需要注意的是 5 天之内必须发货如果有海外仓，海外仓在国外的，也不是由自己管理，就必须要提醒当地的管理员，准时发货，不然会带来损失。

19.3　Wish 的收付款

Wish 支持以下支付形式：联动支付（UMPAY）、PayEco（易联支付）、AllPay、Payoneer、PayPal China、Bill.com 或 PingPong。它们的收付方式如下。

· **UMPAY 联动支付**（能直达中国账户）

费用是 0.4%（从总金额中扣除）；

在 5~7 个工作日内收到付款到银行账户；

必须在我国内地设有银行账户（借记账户）；

不需要具有 UMPay 的账户；

没有货币转换费用（使用 UMPay 合作银行的实时汇率进行转换）。

· **PayEco 易联支付**

费用是 1.2% 的付款；

以人民币直接支付；

在几个工作日内收到付款；

必须在我国内地有银行账户；

您将在每个月的 1 日和 15 日获得报酬。

· **AllPay**

收费是 0.8% 的付款；

付款将在 5 ~ 7 个工作日内到达您的银行账户；

需要在我国内地设立个人储蓄或借记账户，AllPay 支持我国的各类银行；

货币兑换没有额外费用。

•Payoneer

付款会以美元立即转入您的 Payoneer 账户；

从您的 Payoneer 账户中提取资金到您的当地货币（CNY，EURO 等）；

从您的 Payoneer 账户中提款到您的银行需要几个工作日；

使用现有的 Payoneer 账户或创建一个账户以使用此付款选项；

您将在每个月的 1 日和 15 日获得报酬。

•PingPong（能直达中国账户）

费用是 1% 或更低（无隐藏费用）；

现有的 PingPong 用户只需点击几下即可开始接受付款（新用户必须设置账户）；

最多可能需要 6 个工作日才能将端到端资金转入个人当地的银行账户；

退出时收取费用。

以上几种支付方式多数支持在线支付。以 PingPong 为例，这是一家叫乒乓球的公司，属清华大学控股的，注册界面也适合不太懂英文的人，而且操作简单。注册有 2 种方式：个人和企业。而且，最重要的是本地有客服，收费也不贵。

19.4　Wish 的物流服务商

如果想查询一下各个物流服务商的表现，可以按照"后台—业绩—物流服务商"查询，这里节选 2018 年 8 月的部分物流服务商的表现，供大家参考，见表 19.1。

表 19.1　物流配送时长表

物流商	使用排名	平均已确认发货完成时间	平均到货时间	因物流造成的 45 天退款率
WishPost	1	2.4 天	13.2 天	0.64%
Yanwen	2	2.5 天	12.9 天	0.52%
YunExpress	3	2.1 天	10.5 天	0.62%
4PX	4	2.3 天	12.3 天	0.52%
EPacket	5	2.9 天	11.5 天	1.08%
AnjunExpress	6	2.4 天	11.2 天	无相关信息
CNEExpress	7	1.1 天	10.7 天	0.45%

　　排第一位的是 Wish 自己的专属跨境物流服务商，是由 Wish 和中国邮政共同推出的 Wish 专属商户跨境电商物流产品。排第二位的是北京燕文物流有限公司，它支持北京跨境电商做"9610"退税服务。

　　上文提到的 FBA、海外仓，都是按一般贸易方式报关，若符合出口退税条件是可以办理退税业务的。

　　目前一般贸易出口退税主要实行两种办法：第一种是对外贸企业出口货物实行免税和退税的办法；第二种是对生产企业出口的货物实行免、抵、退税办法。

　　两种退税办法办理清关和退税手续特别麻烦，对于采用邮寄、快递方式出口的卖家来说，若按一般贸易出口报关清关，则需要专业人士来完成，这必然不利于中小卖家的发展。

　　因此，为了方便这类卖家退税，国家出台了"9610"政策。专为销售对象为单个消费者的中小跨境电商企业服务。需要提醒的是，"9610"政策目前只在获批开展省级跨境电商园区建设试点，如北京、广州、浙江等地方，并未推广到全国实行，跨境电商需在这些试点地区出口才可采用"9610"政策办理报关和出口退税。

　　题外话：

　　近来有人反映 Wish 的流量少了，东西不好卖了。应该说，Wish 面临着

Facebook 的竞争。当初 Wish 之所以发展得这么快，主要原因是 Wish 可以用 Facebook 的账号登录，而且还可以在 Facebook 上面做推送，现在 Facebook 也开始进军电子商务。Facebook 开始推出自己的电商平台和社交账号购物功能，如 Facebook Marketplace，特别是不对卖家收取任何的入驻费用或是交易佣金。对大多数卖家来说，利润更高了，而对大多数买家来说，东西更便宜了。

作为世界最大的社交媒体之一，大家可以想象一下，微信加淘宝的综合实力会怎么样？当然，和大多数电商平台一样，刚开始就有很多仿品了，但想想，4 000 美元一只的名牌手表，如果只要花 40 美元买到，谁都清楚是怎么回事。更何况，很多正品和仿品都是同一个地方来制造，从制造工艺上，除了用料的差别，其他方面基本差别不大。这样一来，使用 Wish 的客户就会回到 Facebook 上继续购买了。

事物是不断发展的，想做全世界的生意也不是一件容易的事，大家一起努力。

第20章

我国香港离岸公司的做账方法

很多做跨境电商的朋友都有香港离岸公司，这是合法的。那么，这一类的香港离岸公司又如何管理呢？《香港公司法》规定：任何香港有限公司每年都必须递交审计报告，交代该年度内公司所从事的一切业务。无论公司有无盈利都必须递交报告。如果公司的盈利并非在香港产生，可以申请利得，申请获批准后就可豁免相应税款，但亦必须要做一份相应的审计报告。

　　而审计报告必须由香港会计师事务所出具，当然，出具审计报告的前提条件是要有账有公户，如果香港公司没有账，又没有银行账户的话，是不是不用出具审计报告呢？不是的，就算公司没有运营，也要会计师事务所出具"无运营审计报告"。所以很多香港会计师事务所都有代理建账的服务，不过由于香港只有利得税，而且一年一交，所以账也可以一年做一次。

20.1　香港会计的差异

20.1.1　香港是没有增值税发票的

　　香港和内地不同，没有增值税，所有价钱都是不含税价。更重要的是，与内地相比，香港所有公司的发票是可以自制的，也就说是只有商业形式发票。只要是支出费用，不管有没有发票，都可以入账，有时用收据入账都可以。因为香港除了可以在销售时确认收入之外，还可以在收到现金时确认收入。也就是说，收到钱才是真的算作收入。

　　例如，关于停业时转让存货所得利润，在《税务条例 15CA》中写道："凡任何人停止在香港经营某行业或业务，则为计算该人根据本部应课税的利润，是以有代价售予或转让予在香港经营或拟在香港经营某行业或业务的任何人；及其成本可在计算购买人从该行业或业务所得而根据本部应课税的利润时，作为开支而予以扣除者，则该等存货的价值须视为售卖而变现的款额或为该项转让而付出的代价价值。"这里写得很清楚，在售出后变现得到的款额，作为存货的成本。有"变现"两个字就大为不同了，在内地，无论有没有销售，只要开具发票，发票上的金额就是存货的成本。

　　而在香港，银行流水比钱更重要。在香港，可以不用开发票，但一定要有银行流水，因为这是证明支出的重要凭据。

香港公司的发票不重要，那可不可以乱开呢？香港的公司每年都要聘请执业会计师，为其所得利润制作财务报告，发票当然是账目审核的重要凭证之一；如果只有发票而没有现金支出，基本上不能抵扣成本的，而且在审核后，香港的会计师才会向税务局呈交审核报告和所得税报税表。更为可怕的是，虚开发票在香港是属于制作虚假文书罪。香港法例第 200 章《刑事罪行条例》第七十二条"制作虚假文书的副本的罪行"列明：任何人制作虚假文书，以欺骗其他人，即属违法，一经法庭定罪，最高可判入狱 14 年。

20.1.2 香港的税制

在香港，公司需要交利得税。利得税和内地的企业所得税差不多，不过香港的一般税率是 16.5%。没有利润就不需要交税。

除此之外，香港有一个优惠政策，如果公司在首个 200 万元利润之下的，减半利得税，超过 200 万元利润的，按一般正常税率征收利得税，如图 20.1 所示。

税率

	2018/19 年度	2017/18 年度
有限公司		
• 首 200 萬港元利潤	8.25%	16.5%
• 餘下利潤	16.5%	
以非公司形式經營業務		
• 首 200 萬港元利潤	7.5%	15%
• 餘下利潤	15%	

图 20.1 香港税率示例

计算方式：利得税＝应税利润×税率

这个利润又如何确定的呢？

虽然香港特别行政区是没有会计法的，但是香港有会计师公会，香港会计师公会是一个独立组织，有自己颁布会计准则的权力。而香港的会计准则，大体上参照了国际会计准则。而国际会计准则中，关于收入和成本是有详细的规定。而香港有关部门，通常会接纳香港会计师公会所发布的香港会计准则，一般不会作出具体的调整，不过会有一些细则上面的不同。不过，由于香港的公司每年都要出一份审计报告，会计师事务所也会帮手处理税务申报，所以不用担心细节的调整。

以下是引用香港税务条例释义第 1 号：

除了与停业有关的第 15C 条外，《税务条例》(以下简称《该条例》) 没有具体条文规定在税务上存货应如何估值，故此须参考一般商业原则和实务准则。在这方面，本局大致上接纳由香港会计师公会所发出的香港会计准则第 2 号 (存货) (以下简称第 2 号准则) 内的建议，但却对部分建议有所保留。有关的看法会在稍后的段落中提及法院的裁决亦可作为进一步的指引。

本局基本上认为存货的"成本"是指其实际成本或历史成本。第 2 号准则第 10 至 17 段列明，该等成本包括所有直接为采购、加工和使存货到达当前的地点和达致当前状况所招致的所有开支。此外，也包括在当时业务环境中应适当地分摊为存货成本和结转至下一年度的任何经常费用，而该等费用并不是在招致的时期被确认为营业支出。在特定的情况下，借贷费用也包括在存货成本内 (参看香港会计准则第 23 号 (借贷费用) 第 11 和 12 段)。

20.2　香港哪些收入是应税的

特别提出的是，香港的应税收入与内地的应税收入是有些不一样的，在内地，固定资产销售的收入是要征税的，但在香港，出售固定资产是免税的。日常的营运收入 (例如：销售货物或提供服务所得的收入)，通常都视作应税收入。

除此之外，还有几项属于应税收入：

（1）追回先前已获扣税的坏账损失；

（2）取得自政府或其他人士的非资本性质补助金及津贴（这个有点不同）；

（3）取得出租计算机、机器等设备的租金收入；

（4）因失去营业存货而得到的保险赔偿。

相应的，有几项不属于应税收入：

（1）出售固定资产的收入款项；

（2）出售业务权益（商誉）的款项；

（3）因业主提早解除经营场所租约而收取的赔偿收入；

（4）有限公司所分派的股息红利。

当明白这几点，收入就容易确定下来了。

香港公司哪些开支不能税前扣除？

通常，香港公司的开支只要是正当的，为赚取应得的利润而付出的各项开支费用，均可获准扣除，这个算是比较宽松的。例如，坏账损失，香港是可以直接扣除的。那么香港公司有哪些开支是不能税前扣除的呢？如下：

（1）家庭或私人的费用；

（2）资本的任何亏损或撤回，如你用公司的钱在香港炒股票亏了；

（3）个人保险计划；

（4）非为产生经营租用的办公室租金和水电费；

（5）税金，代员工支付的薪俸税（个人所得税），可以税前扣除；

（6）支付给股东的薪酬、公司贷款利息等，不过银行利息是免税的。

如果是电脑设备和软件费用，可以在当年全部扣除。只有涉及办公室装修类的支出，无论有没有发票，按支付的金额分五年平均摊销。

1. 香港的实收资本

香港注册公司比较简单，很多香港会计师事务所都可以包办，那么需要多少注册资本呢？香港没有这个规定，注册资本只要大于 1 港元的，都可以成立公司。当然，很多人也不会这么抠门，真的用 1 港元去注册公司。大多数都是 1 万港元以上的注册资本，那么实收资本呢？只要公司没有破产，都有自由去选择是不是缴纳注册资本。如果公司破产清盘了，就有必要缴纳注册资本以抵债了。那么，如果注册一亿港元行不行呢？可以，因为香港的资本税的上限是 3 万港元，就算注册十亿港元，也是要交 3 万港元的资本税。因为在香港，除了公司法人可以申请破产外，其债权人也可以为你申请破产。

2. 香港的会计资格

内地的财务分出纳和会计两个岗位，两者规定了不能兼任，但香港不是，会计可以兼任出纳。也就是说，在香港，谁做会计都可以，而且要会计去负责收钱付钱也可以。当然站在风险角度去考虑，分别请出纳与会计，是一个不错的风控措施。

20.3　香港公司本身及离岸账户的账务处理

如果你的离岸公司业务不多，每个月只发生一两笔业务的，可以委托香港的会计师事务所帮忙做账。香港会计师事务所有很多，但收费是差不多的，5 笔业务以下的，行内价大概收费 4 000 元人民币。当然，不一定要去香港，去深圳办理记账业务也可以，很多香港的会计师事务所在深圳设有办事处或分所，所以很方便。

如果离岸公司的业务很多，将香港作为利润中心，把货物出口到香港公司，再以香港公司的名义出口到世界各地，并以香港公司的名义收取货款的话，这个时候，就要做香港公司的账了。做账的方法和内地差不多，可以用金蝶、用友等财务软件操作。不过需要注意的是，所有的营运收支单据，都要一一收齐。在香港，如果会计资料不完善，是要罚款的，最高是 10 万港元。香港是每年才申报一次，可以一年才做一次账，当然，这是极端点的做法。一般 3 个月左右就要收齐单据和核对好银行流水，并做好保管工作。

有一点要注意的是，香港税制对电子商务是有特别规定的。

由于香港采用地域来源原则征税，即只有源自香港的利润才须在香港收税，而源自其他地方的利润则不须在香港缴纳利得税。但在实际应用上，有时可能会引起争议，特别是互联网电商方面，所以香港对这一部分有特别的规定。

按中华人民共和国香港特别行政区税务局《税务条例释义及执行指引第 39 号》，"17.一般来说，凡以香港为主要业务地点的电子商贸公司，所赚取的利润均须缴付利得税。现举例说明：

(a) 公司除了在香港以外地方操作可供任意运用的服务器 (智能式或其他) 作电子商贸活动外，全部业务活动均在香港进行。这家公司须缴付利得税。

(b) 公司除了在香港操作可供任意运用的服务器 (智能式或其他) 作电子商贸活动外，全部业务活动均在香港以外的地方进行。这家公司无须缴付利得税。"

所以在设计上，香港的离岸公司，很少会做业务营运，只做货款的收支地，将利润留在香港公司银行的账户之中，不过，由于这些利润来源不是香港的，所以免税。

例如：有一家公司在香港设立离岸公司，其母公司在内地，主要是在英国亚马逊平台上经营售书业务，香港离岸公司的作用是为了出口报关和收取货款，香港公司没有采购、储存、运送书本等业务，也没有回答顾客问题的客服服务，所有的操作都是在英国亚马逊平台和内地公司进行，这样的话，在香港的公司所出售的书本不用交利得税。

由此可见，做跨境电商，设立香港离岸公司是有不少优惠的。不过，设立香港离岸公司办理免税申请，一定要找合适的会计师事务所去申请，因为免税申请是要经税务局审批的。

20.4　去香港开设公司银行账户

以前在香港开设公司账户是比较容易的，但现在不行了。对于离岸公司，个人建议开设中银香港的离岸账户，因为中银香港的离岸账户开设时间比较快，大概 1 个月，而且开设的成本比较低，如果是其他的银行，会要求最低的存款额度，有的 10 万港元，有的 20 万港元。而且，从中银香港汇款到内地的银行，速度也比较快。

去中银香港开户一定要预约，而且需要董事亲自去银行进行面谈，不然是办不了的。如果想开户的审批速度更快的话，还需要买银行的理财产品，大概 5 000 美元以上。

去银行开户，除了带齐香港公司的证照之外（绿色盒子），还需要两三份销售合同和采购合同，有的还需要提供报关单、订单等材料。

香港有很多银行，在旺角、油麻地、中环、西九龙，基本上每隔 500 米就有一家，不过，很多人光顾的还是中银香港，这个也是推荐的理由之一。

一般来说，只要有网银，是不需要客户亲自到香港银行转账的，如果遇到问题，可以用 SKYPE 打电话到中银的电话客户服务中心进行处理，客服会耐心地解决问题。

第21章

如何认识英国的VAT

如果产品是在英国或欧盟的电商平台上销售的，如英国亚马逊或德国亚马逊等，同时又有FBA服务的，那么真的要认识一下这些国家的VAT了，即外国的增值税。因为现在外国政府规定，注册网店都要依法并按时申报VAT。如果对注册VAT税号不是很熟的话，可以找一些跨境电商信息咨询公司帮助处理，深圳有很多这些公司。如果你的公司有自己的海外仓，也可以找当地的会计师事务所帮你处理。

21.1　英国的 VAT

如果是做英国 eBay 和英国亚马逊的，必须要注册英国 VAT，如何注册？可以找当地的会计师事务所，收费是 3 000 元人民币左右。注册之后，记得将 VAT 号提供给货运代理，要他们进口时用你的 VAT 进行申报。不然不能进行抵扣。和国内一样，英国也是有进口增值税的，进项可以进行抵扣，抵扣规则参见文件 C79 和 C88。

什么是 C79 文件？其实就是一份按月的进口增值税申报表，可以在申报增值税之前，用 C79 上面已交的增值税作为进项税金。样式如图 21.1 所示。

8020/01210/I/00003　　H.M. CUSTOMS AND EXCISE　　VC 0001
MONTHLY VAT CERTIFICATE
DATE PRODUCED 12/11/90　　***DO NOT DESTROY***　　PAGE 1
PLEASE NOTE

VAT IMPORTS LTD　　123　　MESSAGE BOX
60 PENDENNIS ROAD
BRISTOL BS8 4TQ

1/00002

VAT REGISTRATION NO. 101222233

PERIOD ENDING ....OCTOBER 90

A/C date	ENTRY NO.	AGENT'S REF.	WAREHOUSE CODE NO.	WARR NO. /CONSEC NO.	AGENT'S VAT NO.	VAT AMOUNT

DECLARED TURN....101222233 000

CARDIFF

01.10.90	051061	974			176716142	4943.88
01.10.90	051062	977			176716142	2523.22
14.10.90	052137	9104			254213733	261.47
16.10.90	052245	991			176716142	1910.19
16.10.90	052246	997			176716142	839.29
21.10.90	053678	9111			254213733	1021.07
21.10.90	053679	9112			254212733	415.93
22.10.90	054379	102			266109875	3391.60
23.10.90	055378	9220			254213733	944.02
24.10.90	055469	9244			254213733	1033.85
25.10.90	056893	166			266109875	1124.94
28.10.90	059784	193			266109875	724.01

DECLARED TURN... 101222233 110

图 21.1　C79 例图

在每个月的 20 日左右会收到上个月的进口商品记录。例如，在 11 月 20 日左右会收到 10 月份的 C79 文件。C79 文件的复印件也可以进行抵扣，不一定要原件。

如果熟悉国内增值税，那么会对比较容易理解英国 VAT。不过英国的税率算是比较高的，达到 20%。

另一个文件就是 C88，相当于国内的进口报关单，是需要跨境电商会计要经常与物流商对账用的主要文件之一，里面有每种产品要交纳的关税和增值税金额，有些物流商会在申报的时候，用错了 VAT 号，这个是可以要求赔偿的。如图 21.2 所示。

如果物流商没有给 C88 文件，一定要追问原因。如果清关时物流商没有用 VAT 号清关，那么所交的增值税就真的等于白交了。

与国内不一样的是，英国的增值税是每三个月申报一次，国内是每个月申报一次。英国申报的起始月份，是从开始销售的第一天开始计算。如果在进口时没有用税号缴纳过增值税，那么就没有 C88，没有 C88 就没有 C79，那么这三个月就要全额缴纳增值税了。

31 MINI CANDYFLOSS MAKER 3 PC 250594470

230718TRUCKDZ510

44 Additional information
9DCR=8GB354715057003-250594470,AG003,LIC99

32 1 33 8438300000
34a 35 36 100
37 4000004 38 43.890 39
40 Y ZZZ 150-007237G-230718
41 42 96.12 43
45 A
46

图 21.2　C88 例图

21.2　英国的 FAS 计划

英国的大多数商品销售增值税税率是比较高的，有 20%，如图 21.3 所示。除了一些商品和服务的税率比较低之外，还有一个低税计划，叫作 FAS 计划。

商品和服务的增值税税率

率	增值税的百分比	费率适用于什么
标准	20%	大多数商品和服务
降低利率	5%	一些商品和服务，例如儿童汽车座椅和家庭能源
零利率	0%	零评价的商品和服务，例如大多数食品和儿童服装

图 21.3　英国商品和服务增值税税率

这个税率与国内的小规模纳税人差不多。在注册英国 VAT 的时候，会有一个 FAS 计划选项，对于小规模的电商，建议去勾选这个计划。因为只要销售额不超过一年 15 万英镑，就可以申请，还可以享受 6.5% 的低税率优惠。英国增值税注册界面如图 21.4 所示。

图 21.4 就是注册时申请的界面，要申请这个 FRS 低税率有两个方法，一个是注册时申请，一个是开业之后。全年销售不超过 15 万英镑，就可以去申请 FRS 低税率申报，具体是从英国政府网站下载 VAT 600 FRS Flat Rate Scheme 表格，按照要求填写好表格，写邮件寄给 frsapplications.vrs@hmrc.gsi.gov.uk。当然英国税局审核通过才可以用 FRS 申报。一般要等三个月左右，如果申请 FRS 成功之后也不一定是按 6.5% 税率计算的，要看是否满足以下条件。

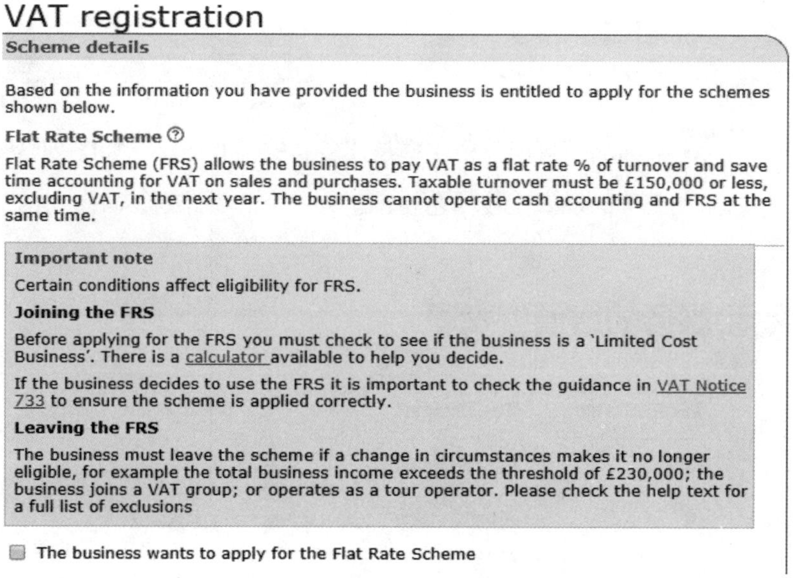

VAT registration

Scheme details

Based on the information you have provided the business is entitled to apply for the schemes shown below.

Flat Rate Scheme ⑦

Flat Rate Scheme (FRS) allows the business to pay VAT as a flat rate % of turnover and save time accounting for VAT on sales and purchases. Taxable turnover must be £150,000 or less, excluding VAT, in the next year. The business cannot operate cash accounting and FRS at the same time.

> **Important note**
> Certain conditions affect eligibility for FRS.
> **Joining the FRS**
> Before applying for the FRS you must check to see if the business is a 'Limited Cost Business'. There is a calculator available to help you decide.
> If the business decides to use the FRS it is important to check the guidance in VAT Notice 733 to ensure the scheme is applied correctly.
> **Leaving the FRS**
> The business must leave the scheme if a change in circumstances makes it no longer eligible, for example the total business income exceeds the threshold of £230,000; the business joins a VAT group; or operates as a tour operator. Please check the help text for a full list of exclusions

☐ The business wants to apply for the Flat Rate Scheme

图 21.4　英国增值税注册界面

（1）当季度有进口产品到英国，并且使用自己名下 VAT 税号进行清关；

（2）当季度的进口产品的申报货值和进口税总额须大于 (或等于) 总销售额的 2%；

（3）每年至少有 1 000 英镑销售额（如果您的成本超过 2%）。

最后特别提醒一下，加入 FRS 之后，进口时所交的进项增值税是不能抵扣销售时的销项税的，这个和国内小规模纳税人一样。那么加入之后，能不能退出这个计划呢？可以的，只要销售额大于 15 万英镑，就可以自动离开，又或者直接向英国税局申请离开。

21.3　进口运费与申报价值的关系

大多数的跨境电商都会用空运做头程，因为快，但是很多时候会多交增值税，原因在哪里呢？这与申报价值有关的。通常申报的商品价值是由自己定的，但如果货物比较重，而申报的价值较低时，英国海关是要对货物重新估值的，可能会直接在申报的商品价值上加 170 英镑，再去计算增值税。这个不得不说一下，进口运费与申报价值的关系。

如果申报价值比空运费要低，英国海关就有权力去核定交易价值了。例如，我们有一批货物进口到英国亚马逊 FBA 仓，重量为 24 千克，入口英国申报金额为 75 美元，海关会在 C88 的 43 号空格标注为 1，表示该货物被海关重新估价，补缴 VAT。按英国海关的规定，我国到英国的空运费分摊比例为 70%，海关会直接在申报价值 75 美元上增加 100 英镑去征收进口增值税。申报金额就变成 200 美元了，那么，如何去掌握这个度，而不会被英国海关征税呢？我的建议是，设置一个公式去检查。

如果空运费是 28 元 / 千克，那么，就乘以货物的毛重，再除以空运费分摊比例 70%，然后再除以美元汇率。按上例，我们应向英国海关申报的金额为 141 美元以上才可以 [即 28×24÷70%÷6.8 ≈ 141（美元），当时人民币兑美元汇率是 6.8]。

21.4　英国的增值税是没有留抵的

在我国，如果公司这个月的进口增值税大于销售增值税，就会形成一个留抵税额。但在英国，英国税局会退税给公司。这个很正常，因为英国是三个月申报一次，如果公司的货物进口之后，三个月都没有销售，很可能会收到退税款。又或者公司销售商品的价格比进口时还要低，都可以收到退税款。不过，前者是正常情况，后者如果没有说明，可能会被英国税局重新估价，有可能被罚款两倍。

那么如何能合理合法地收到退税呢？有两个方法：

一是由会计师事务所代理申报，二是自己用财务软件申报。

从 2019 年 4 月起，超过增值税门槛（85 000 英镑）的客户将需要通过制作税务数字（MTD）增值税产品提交增值税申报表。下列商业软件产品已经成功通过英国税局的测试，可以在线提交增值税申报表，见表 21.1。

表 21.1　官方名单

供应商名称	产品名称	表格可用	电话
1 2 eFile	Batch VAT Filing Professional	VAT 100	020 8450 2290
ABC Direct Sales	ABC6 Accounts	VAT 100	0161 282 1270
Accentra Technologies Ltd	Accentra ERP & Financials	VAT 100	0845 456 7181
Account on This Ltd	Account on This	VAT 100	01785 664227
Accountz.com Ltd	Business Accountz	VAT 100	01354 691 650
Access UK Ltd	Dimensions	VAT 100	0845 345 3300
Acorah Software Products Ltd (TaxCalc)	VAT Filer	VAT100/ECSL	0845 5190 883

由于表格过长，只取前面几行，当然，如果没有用以上软件，也没有关系，可以进入网店后台将英国站的销售收入导出，然后发给中介帮忙申报。

如何下载并筛选销售记录呢？

例如，在亚马逊英国站销售，进入后台后，单击 TAX，再单击 download，选择销售日期，如图 21.5 所示。

下载后，用 Excel 打开，找到 BO 列，将属于 GB（英国）的筛选出来，如图 21.6 所示。

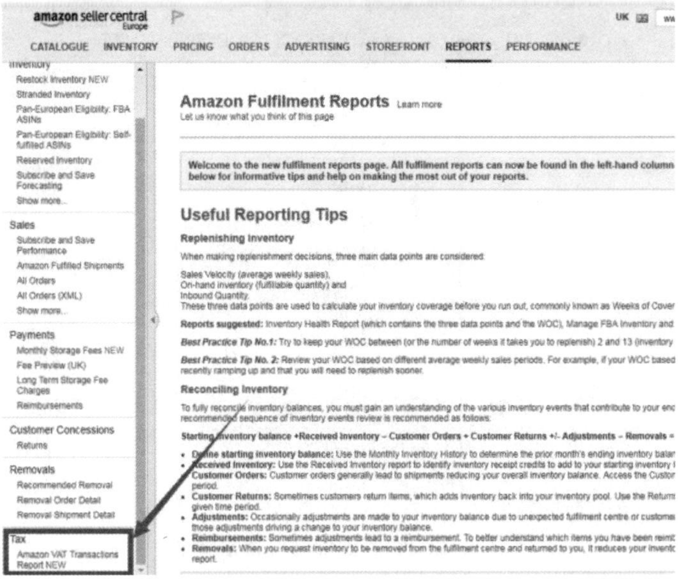

图 21.5　英亚后台

图 21.6　英国亚马逊申报

然后计算 AZ 列，就可以知道当期的销售收入有多少了。如图 21.7 所示。

X	AY	AZ	BA
O_C ▼	TOTAL_C ▼	TOTAL_A ▼	TRANSACTION_CURRENCY_CODE
		9.59	GBP
		16.99	GBP
		16.99	GBP
		10.99	GBP
		10.99	GBP
		11.19	GBP
		16.14	GBP
		7.29	GBP
		9.99	GBP
		20.59	GBP
		17.73	GBP
		14.24	GBP
		24.99	GBP
		14.58	GBP
		25.99	GBP
		9.49	GBP
		6.99	GBP
		9.99	GBP

图 21.7　英国亚马逊申报 2

筛选成功后，保存，将文件以 txt 格式发给中介，就可以了。

21.5　什么叫作 compliance check

和我国的税务检查差不多，不过我国税务检查多数是以检查实体企业为主，而英国税局有一个专门检查在线销售的合规性检查，让客户在正确的时间支付正确的税款，并获得正确的免税额和税收减免。说白了就是查税，是为了让公司在正确的时间支付足够的税款给英国政府。

英国税务局会通过电话或电邮的形式通知公司。目的就是要你在规定的时间提交足够的资料，而且这些资料可能是任何文件，包括银行流水，第三方平台交易数据，在线销售数据，以及物流运输数据等。

在回复英国税务局邮件时，一定要输入自己的案例号，并按他们的要求去提供资料，又或者打电话联系他们。其中，提供的资料有一份叫作"Import Questionnaire"，可以自己填写，也可以花钱请中介填写。

老实说，英国的增值税太高了，要 20%，我国才 16%，以前有人总说我国的税负高，其实是一般水平。如果真心想进入英国市场，又不想承担太高税负，不如一开始就选择英国的 FAS 计划吧。

题外话：英国为什么要收这么高的增值税呢？我认为有两个原因，第一个，英国政府过高的财政赤字。在 2011 年，卡梅伦上台之前，英国政府的公务员、老师、军人的福利都是非常不错的，年薪基本上有 2 万英镑以上，折合人民币 18 万元一年。然后，国防开支也高，英国在 2003 年至 2010 年之间，参与了伊拉克战争，打仗哪有不用钱的呢？

第二个，通货膨胀。其实，导火线是欧债危机。2009 年欧洲爆发了欧元危机，欧元的持续走软也使其在全球货币体系中的角色岌岌可危，在欧元区之中，英镑也好不了哪里去，不得不加发货币来应对危机。这一下，就出现通货膨胀，钱变得不值钱了。

而英国近年来也是非常缺钱的，所以将电商也纳入征税之中，大力打击电商在线销售不交税的现象。从 2016 年开始，已经有 60% 的中国电商因为税务问题被英国税务局关店、补税、罚款。老实说，现在英国也脱欧了，英国的商品以后将产品销售到欧盟国家也不容易了，至少进入欧盟也要交一次增值税。

我们学过税法的，都清楚什么是增值税，其实就是一种流转税，最终的税负是会加在商品价格中卖给消费者，也就是说，消费者是增值税最终的负担者。老实说，我的产品是在线销售的，没有在英国占用过一平方的土地，也没有消耗过英国一立方的空气，这样都要征我的税？更何况，有影响的不只是我，最多我卖贵一点，最终受影响的是你们英国的消费者。不过没有办法，这个是法律，无论我们接不接受，我们都要遵守。

如何认识德国的 VAT

英国正式脱欧，如果你的网店在英国注册，但要将商品寄往欧盟销售的话，可以去注册德国的增值税，因为德国在 2019 年 1 月开始立法，卖家从第三地（欧盟以外国家）向德国的买家销售商品，应该缴纳德国增值税。不然会被处以行政罚款或被追究刑事责任。

22.1　注册德国 VAT

德国的增值税税率为 19%，要缴纳德国增值税，前提条件你要有税号吧，现在注册德国税号有两个方法，第一个，是找德国的税务师帮你注册，第二个，自己打印表格，填好后再将表格寄给德国税务局。不过，有一个德国的税务师朋友告诉我，从 2018 年 7 月开始，德国税号的注册量是以往的三倍，所以要等的时间会比较长。另外，有人告诉我，可以在线上申请，我试了一下，需要欧盟的社会保险号，这个行不通。

好吧，我能不能一边注册德国 VAT，一边销售商品呢？答案是不可以。只要你的产品销售给德国人的，都要注册税号，因为：

（1）卖家从位于德国的仓库向德国的买家销售商品，要交增值税。

（2）卖家从位于欧盟其他国家的仓库向德国的买家 / 收货人销售商品的，要交增值税。

（3）卖家从第三地（欧盟以外国家）向德国的买家 / 收货人销售商品，也要交增值税。

一般来说，如果你是中国电商公司，按规定是由柏林—诺伊科隆税务局（Berlin-Neukölln(poststelle@fa-neukoelln.verwalt-berlin.de) 负责管理征收增值税的。我们可以通过这个邮件地址，与德国税务局联系，一两个星期后，德国税务局会向申请人回复一份问卷表格，向你索取与税务登记相关的信息。如图 22.1 所示。

Umsatzsteuerliche Erfassung 收件箱 ×

"F/B-Platz 25 (FA Neukölln)" <fb-platz.25@fa-neukoelln.verwalt-berlin.de>
发送至 我 ▾

文A 德语 ▾ > 中文 ▾ 翻译邮件

Sehr geehrte Damen und Herren,

Bezug nehmend auf Ihre Email vom 19.02.18 erhalten Sie wie den Fragebogen zur umsatzsteuerlichen Erfassung.

Des weiteren werden folgende Unterlagen benötigt:

- Handelsregisterauszug aus dem Sitzstaat
- Gesellschaftsvertrag
- Briefbogen
- Nachweis der steuerlichen Erfassung im Sitzstaat
- inländischer Lagervertrag
- ggf. Empfangsvollmacht

Bei Onlinehändlern werden zusätzlich folgende Unterlagen benötigt:

- Accountname auf der jeweiligen Onlineverkaufsplattform, nebst Registrierungsbestätigung

图 22.1　德国税局邮件

你可以将这个表格给你的德国税务师，帮你注册登记。老实说，中国卖家想在德国申报税金，大多数是要靠德国税务师去申报的，如果想自己申报，还是算了吧，你没有德国的社保登记号，是没办法注册的。我向读者推荐一个德国税务师协会的网站 www.bstbk.de，这里有很多德国税务师，当然也有中国人，大家可以去找一下。

如何找呢？很简单的，打开网页后，直接找到 Steuerberatersuche，单击 Suchen，如图 22.2 所示。

这就进入德国税务师搜索界面，如图 22.3 所示。

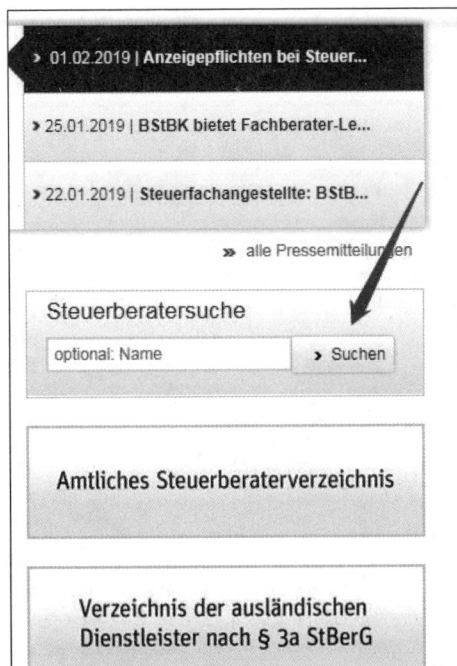

图 22.2　德国税务师协会界面

图 22.3　德国税务师搜索界面 1

这个时候，你什么也不要选，拉到最下面的 Fremdsprachenkenntnisse，选择 Chinesisch，这个单词是中文的意思。如图 22.4 和图 22.5 所示。

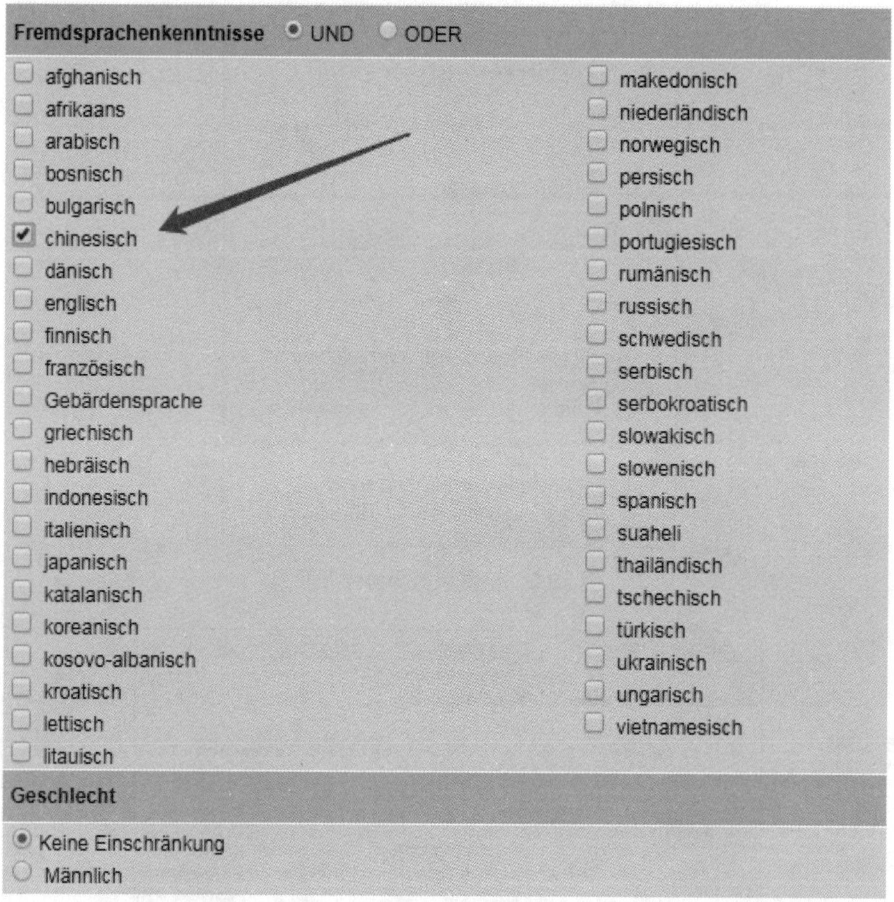

Fremdsprachenkenntnisse ● UND ○ ODER	
☐ afghanisch	☐ makedonisch
☐ afrikaans	☐ niederländisch
☐ arabisch	☐ norwegisch
☐ bosnisch	☐ persisch
☐ bulgarisch	☐ polnisch
☑ chinesisch	☐ portugiesisch
☐ dänisch	☐ rumänisch
☐ englisch	☐ russisch
☐ finnisch	☐ schwedisch
☐ französisch	☐ serbisch
☐ Gebärdensprache	☐ serbokroatisch
☐ griechisch	☐ slowakisch
☐ hebräisch	☐ slowenisch
☐ indonesisch	☐ spanisch
☐ italienisch	☐ suaheli
☐ japanisch	☐ thailändisch
☐ katalanisch	☐ tschechisch
☐ koreanisch	☐ türkisch
☐ kosovo-albanisch	☐ ukrainisch
☐ kroatisch	☐ ungarisch
☐ lettisch	☐ vietnamesisch
☐ litauisch	

Geschlecht

● Keine Einschränkung
○ Männlich

图 22.4　德国税务师搜索界面 2

这样你就可以找到会说中文的税务师了。

现在一共有 92 个会说中文的德国税务师，有联络电话，如图 22.6 所示。

Fremdsprachenkenntnisse ● UND ○ ODER

☐ afghanisch
☐ afrikaans
☐ arabisch
☐ bosnisch
☐ bulgarisch
☑ chinesisch
☐ dänisch
☐ englisch
☐ finnisch
☐ französisch
☐ Gebärdensprache
☐ griechisch
☐ hebräisch
☐ indonesisch
☐ italienisch
☐ japanisch
☐ katalanisch
☐ koreanisch
☐ kosovo-albanisch
☐ kroatisch
☐ lettisch

☐ litauisch
☐ makedonisch
☐ niederländisch
☐ norwegisch
☐ persisch
☐ polnisch
☐ portugiesisch
☐ rumänisch
☐ russisch
☐ schwedisch
☐ serbisch
☐ serbokroatisch
☐ slowakisch
☐ slowenisch
☐ spanisch
☐ thailändisch
☐ tschechisch
☐ türkisch
☐ ukrainisch
☐ ungarisch
☐ vietnamesisch

Geschlecht

● Keine Einschränkung
○ Männlich
○ Weiblich

Landwirtschaftliche Buchstelle

☐ Landwirtschaftliche Buchstelle

max. Anzahl an Treffern

● 20
○ 50

Je nach Auswahl werden maximal 20 bzw. 50 Einträge angezeigt.
Die Auswahl erfolgt nach dem Zufallsprinzip.

| Suchanfrage starten | Formular zurücksetzen |
| Hilfe zur Suche | Wechsel zur Standardsuche |

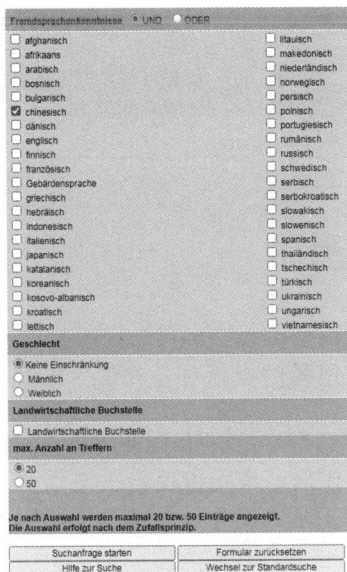

图 22.5　德国税务师搜索界面 3

Bundesweiter Steuerberater-Suchdienst - Suchergebnis

Ihre Suchanfrage

Fremdsprache chinesisch
Geschlecht Keine Einschränkung

hat 92 Ergebnisse erzielt. Davon werden nachfolgend 20 angezeigt:

Frau Dipl.Wi.Sinol. Judith Köhl Steuerberaterin Kreuzbergstraße 30 10965 Berlin	Tel.: 030 / 78956828 Fax: 030 / 78957827 Email: koehl@steuerberater-koehl.de Zuständige Berufskammer: Steuerberaterkammer Berlin
Herrn Dipl.-Kfm. Frithjof Hein Steuerberater Julienstr. 3 22761 Hamburg	Tel.: 040 / 81 95 10-0 Fax: 040 / 81951010 Email: fah@optitax.de Zuständige Berufskammer: Steuerberaterkammer Hamburg
Herrn Daniel Bayer Steuerberater Mittelstraße 7 57614 Stürzelbach	Tel.: 02681 / 981754 Fax: 02681 / 981756 Mobil: 02681 / 954714 job Email: stb-bayer@t-online.de Zuständige Berufskammer: Steuerberaterkammer Rheinland-Pfalz
Herrn Dipl.-Kfm. Dr. Stephan Knabe Steuerberater WP FB für IStR Jägerallee 37 i 14469 Potsdam	Tel.: 0331 / 2012190 Fax: 0331 / 20121920 Mobil: 0178 / 8518845 Email: knabe@dr-knabe.de Internet: www.dr-knabe.de Zuständige Berufskammer: Steuerberaterkammer Brandenburg

图 22.6　德国税务师搜索界面 4

老实说，我公布在这里是敲烂了很多我国中介的饭碗的，因为我问过德国的税务师，有的收费为 500 欧元，有的收费为 800 欧元，但在我国的中介，普遍收费是 9 000 元人民币的。

22.2　德国的税务师

德国增值税和我国增值税的申报有点相似，在每个月结束后的 10 天内，必须向税务局发送申报表，其中必须自行计算上一个月的税额。应付金额是其开具发票的增值税减去任何可抵扣进项税金额。

在年底，企业家必须提交年度纳税申报表，并再次计算税额。也就是说，一年 13 次申报，前 12 次是预缴，第 13 次是清缴，应在第二年的 5 月 31 日前完成，所以，最好是请一个德国税务师帮你负责申报，因为专业的税务师可以帮你自动延长至第二年的 12 月 31 日前申报。另外进口的时候，会有进口增值税，这个是可以抵扣的。还有，如果你在德国采购某些产品，所收到的增值税发票都可以抵扣，不过抵扣的增值税发票一定要有你的增值税税号、应交税金金额和付款日期。而且这些发票一定要发给德国的税务师帮你申报。

22.2.1　德国的税务审计

审计通常每 4~5 年进行一次，某些地区，如黑森，可能是 2~3 年，不过对企业审计的强度每次会不同，会考虑审计人员对某个企业以前年度审计的结果。所以，真的有心进入德国市场的，真的需要如实交税了。

德国税务机关在发出评定通知书和要求缴纳税款之前，对申报表的审查往往是程序性的。如果你不回复邮件，就成为检查重点了。因为德国非常依赖税务审计，将其作为确保纳税人守法的手段。对较大的企业和外国企业当地的销售，往往是有规律的，所以，避开不了的。

22.2.2　进项抵扣与退税

德国的进项税是纳税人购进经营所需产品和服务而承担的增值税。如果纳税人在欧盟内部进行采购以及进口的商品用于应税销售，则采购中已缴纳的增值税可以抵扣。一般情况，进项增值税可以从当期的增值税申报表中应缴纳的增值税中扣除。不过，进项增值税抵扣需满足以下 4 个条件：

（1）商品或服务必须是提供给纳税人的；

（2）商品或服务必须用于经营目的，如果采购、欧盟内部并购或进口的商品用于经营的比例不足 10% 则不能抵扣；

（3）商品和服务必须是由纳税人销售或提供的；即要有注册税号的人。

（4）增值税应在正式发票上单独注明。

至于预付款项，如果纳税人支付了含税的款项，则可扣除发票中明确列明的增值税。

在增值税申报期，纳税人在收到发票的当月须提交返回或抵扣增值税的申请。至于进口商品，增值税的抵免时间应该为海关到期时间。

一般来说，只要你采购的一票货物不超过 150 欧元，只要满足以上 4 个条件就可以抵扣了。如果你的货物是超过 150 欧元的话，就要检查你的发票有没有以下几个元素了：

· 供货方名称和地址；

· 收货方名称和地址；

· 发票开具日期；

· 发票号（顺序编号）；

· 一般税号或增值税识别号；

- 商品数量以及描述；
- 销货日期（至少精确到月）和收账日期（未知则不填）；
- 货款（不含税），按照标准税率、低税率和免税分别列示；
- 销售折让；
- 税款、税率或注明免税。

纸质发票和电子发票都是有效的。只有在购货方同意的情况下才可以开具电子发票。电子发票格式不限，包括电子邮件、PDF 格式的附件等。如图 22.7 所示。

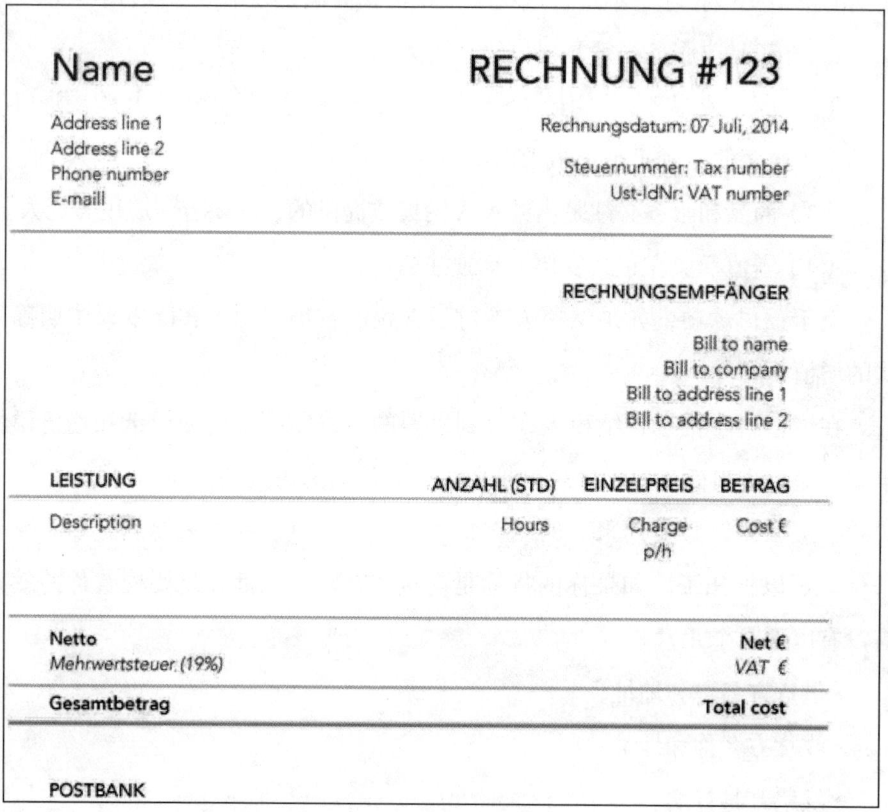

Name

Address line 1
Address line 2
Phone number
E-maill

RECHNUNG #123

Rechnungsdatum: 07 Juli, 2014

Steuernummer: Tax number
Ust-IdNr: VAT number

RECHNUNGSEMPFÄNGER

Bill to name
Bill to company
Bill to address line 1
Bill to address line 2

LEISTUNG	ANZAHL (STD)	EINZELPREIS	BETRAG
Description	Hours	Charge p/h	Cost €

Netto	**Net €**
Mehrwertsteuer (19%)	*VAT €*
Gesamtbetrag	**Total cost**

POSTBANK

图 22.7　德国发票示例

总的来说，多年来一直有中国企业在德国进行投资，就目前来看，有三个城市是中国人比较多的，分别是汉堡、法兰克福、杜塞尔多夫。目前我国出口德国的产品主要是电器产品、玩具、纺织品和服装。不过，德国是有营业税的，所以想在德国设立公司的朋友就要认真考虑一下了。德国的营业税的税率确定方法比较特殊，先由联邦政府确定统一的税率指数，再由各地方政府确定本地方的稽征率计算，目前联邦政府确定的税率指数是 3.5%，再由各地方政府确定本地的稽征率，2015 年营业税的平均税率为 14%。

企业营业税计算方法 = 企业收入 × 税率指数 × 稽征率

所以，想在德国设立公司的，然后再在德国从事网上销售的，真的要好好考虑成本了。

题外话：

老实说，德国在今年开始要求所有的企业都要注册德国 VAT，很可能就是想给英国一点难看，以前英国的商品进入德国，基本上是免征增值税的。但现在英国脱欧了，我难道还要像以前一样给英国人免税吗？当然不行了。于是规定了所有的企业，只要你的商品卖到德国的，都要注册德国 VAT，如果你是非欧盟国家的，你就要交关税和进口增值税。这个对于以前注册了英国 VAT 的中国卖家来说，现在不得不注册德国 VAT 号，一个号至少都要花好几千元。但是，有没有不用钱的方法去注册德国 VAT 呢？对于非欧盟国家，申报德国 VAT 要有税务代理，所以就算你自己跑去德国注册，最后每个月都要向中介交钱。但是，如果我有一家欧盟国家的公司呢？

于是有很多人纷纷在欧盟国内设立公司，其实这也是一个方法，只要你的公司没有盈利，就不用交税。但设立公司一定会遇到一个问题，就是如何开设银行账户呢？很多时候，欧盟开设公司银行账户都要本人亲自出面的。这个时候，有人就想到了用爱沙尼亚电子公民身份注册开设欧盟公司。这个其实也不错的，很多俄罗斯人就是通过这个方法来进入欧盟做生意的。

所谓的爱沙尼亚电子公民身份，其实是一张卡，只有一个账号和密码，方便你注册爱沙尼亚的公司而已，基本上没有什么用，更不要说移民什么的。但是有这张卡，你就可以在爱沙尼亚的 LHV 银行开户。老实说，这个时间有点长，需要一个月时间。值不值得另说，但这也是一个方法吧。

第23章

物流成本的核算

一般来说，物流成本是电商企业的一个比较大的支出，有时物流成本还大过采购成本。现在说的物流成本，是包括了快递运输、包装费、打包装、贴标等费用，国内电商的物流核算还好一点，对账也方便，跨境电商就麻烦一点，除了要面对国际四大物流，还要面对报关费、代垫税费、燃油附加费等业务。

23.1 国内的物流成本

国内的物流商中，顺丰做得很成功。如果是做天猫淘宝的，用顺丰发货，基本上你的产品是非常有诚意的。当然，如果是京东、苏宁等有自己的物流公司的，就不用考虑选择哪个物流商去送货了。

很多公司都会将快递费纳入管理费用中进行核算，这个是没问题的。不过，我认为由于电商的性质，最好将快递费用纳入销售成本，当然也可以纳入销售费用去核算，为什么这样说呢？因为要计算毛利，对于很多企业来说，由于快递费用很少，而且与销售的关系不大，所以放到管理费用中是正确的。但对于电商企业来说，快递费用是与销售有直接关系的，可以说如果快递费用太高，往往出现负毛利的情况出现，当然，一两个包裹是没有问题的，但如果几十个包裹，你就要考虑一下，商品的销售价格了。

计算某个产品是不是负毛利，其实很简单，将产品的销售价格减去采购成本，再减去物流费用，就可以得出这个产品的毛利了。分录也很简单：

借：销售费用——快递费

　　销售费用——包装物料

　　销售费用——包装工的加班费

　　贷：应付账款

如果快递公司开具增值税发票呢？没问题的，如果是开专用发票，拿去抵扣，如果是普通发票，直接入费用。对于网上说的混合销售行为，这个是营改增之前的事了。

营改增之后，物流费用分成两块，一块是物流配送服务，按6%计算增值税，一块是物流运输服务，按11%。不过这是物流企业的事，不关电商公司的事。

另外，有自营货物的电商公司一定有包装物资，很简单，你即使用京东、苏宁等物流服务，你总要打好包装吧。我觉得对包装费用，要分为两块，一块是包装物料，一块是包装工资。这样才好核算。对于电商公司来说，包装物料是不能省的，其费用占整个物流成本的 10% 左右，同样，包装工资也不能省的。特别是跨境物流，如果包装不好的话，造成的结果是 100% 退货，这样损失就大了。

23.2　国际物流业务

如果你是做 eBay 和亚马逊的，就要与四大物流商打交道了。哪四大呢？TNT、UPS、DHL、FedEx，这四个就是国际四大物流商。这四大物流商，有个共同特点：一个字，贵。

但是，贵又如何，你没得选择。这四家物流公司中，TNT 被 FedEx 收购了，现在主营欧洲和非洲。而 FedEx，是一家美国公司，这家公司非常厉害，该公司以当天下单，隔夜送货服务而闻名的，而且还可以实时更新包裹，虽然国内很多物流商也可以做到，但它在 20 年前，已经做到了全球实时更新包裹位置了。

至于 UPS 和 DHL，就更不用我多说了，在我国算是比较出名的，由于 DHL 是德国公司，所以其快递可以进入朝鲜、古巴等美国禁运的地区。从我国寄到德国的话，DHL 算在这四家物流中比较便宜的。

做四大物流的业务时要注意，要先做好 Invoice 发票，这个是物流商要收取的，格式的话，每个物流量差不多，一般来说，这个是跟单员或单证员做的工作，但会计一定要复核，毕竟这个是发票。做好发票之后就可以寄快递了。以 TNT 为例，以下是跟单员做的工作，会计大概了解一下就可以了。如图 23.1 所示。

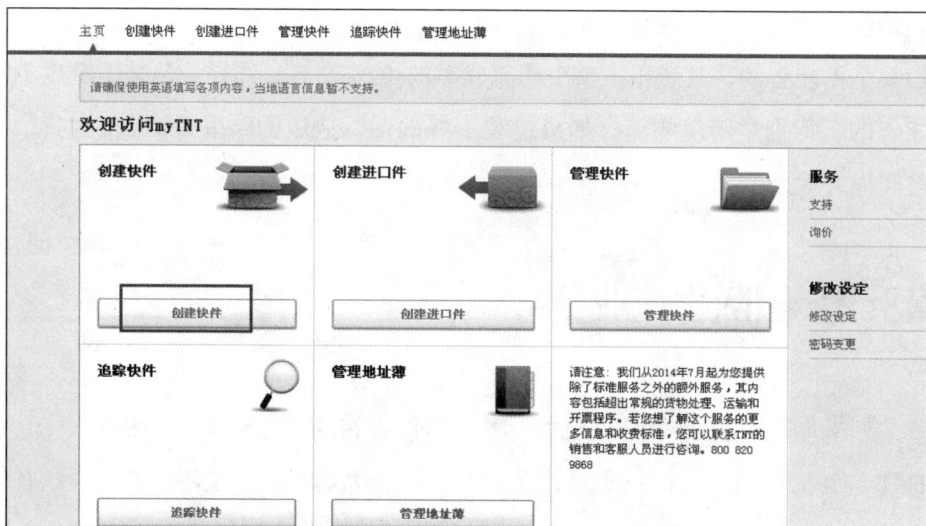

图 23.1　TNT 示例界面 1

填写出货明细，如图 23.2 所示。

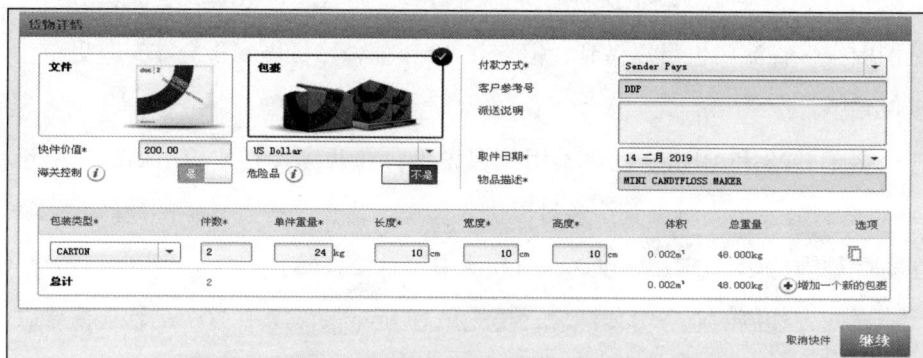

图 23.2　TNT 示例界面 2

填写取件时间，如图 23.3 所示。

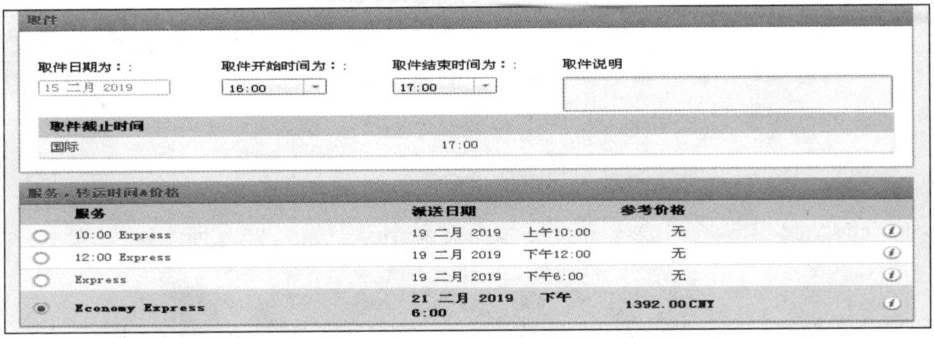

图 23.3　TNT 示例界面 3

完成后，需打印快递单一份，并贴在外箱上。

其他的 UPS、FedEx、DHL 都大同小异，你了解一下就可以了。期末，这四大物流量会有一份对账函给你，这个才是会计要做的重要工作，很多时候，多交运费就是没有做好对账工作所造成的。例如，已经取消发货的订单，或没有发货取件的，也被计算到应付运费中等。

最好在付款期前核对清楚应付运费，如果有争议的话，一定要马上联系物流商，该争取赔偿的话就争取，不然的话，他们是不会主动跟你谈的，有时候，支付的物流费之中，无端会多出几万元的服务费。

23.3　航运业务的核算

一般来说，航运的时间比较长，但是比空运要便宜，如果你的产品是在外国不愁卖的，而且你的资金也比较充裕的话，可以走航运，从我国到英国大概一个月左右。这个时候，你的存货就变成"在途物资"或"发出商品"了。

对于小电商来说，航运虽然慢，但省钱，只要卖的东西是便宜货，其实也可以赚点钱的，不过会计就要麻烦点了。首先，将存货变成"在途物资"

或"发出商品"进行计算，从出货日开始到入仓日这段时间内。其次，将运输成本计算到存货的价值之中。第三，报关，一般来说，报关是货代负责的，但是你要向货代提供海关商品代码和进口 Eori 号。

以英国海关为例，你要去英国的 GOV.uk 网站上查询进口海关编码，最好准一些，因为有些编码是免税的，这个要利用好，如图 23.4 所示。

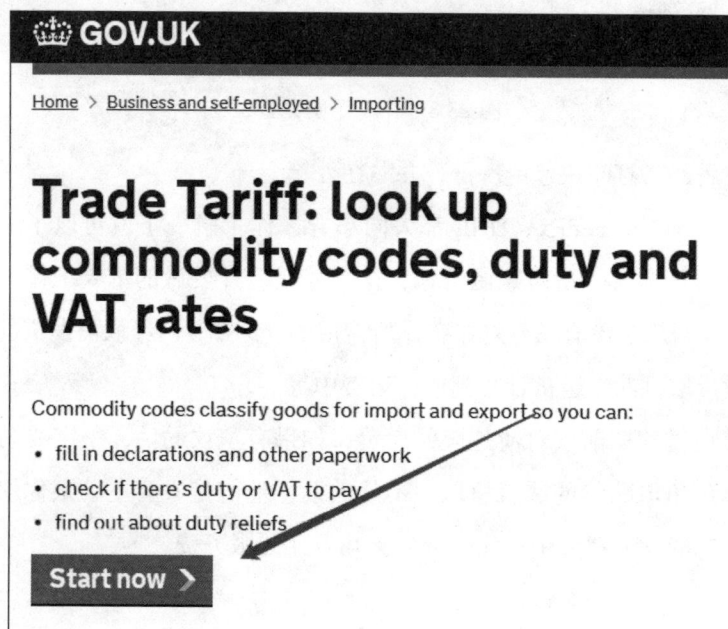

图 23.4　英国海关示例界面

输入商品名称，如图 23.5 所示。

图 23.5　英国海关编码界面 1

选择最适合的商品编码就可以了。如图 23.6 所示。

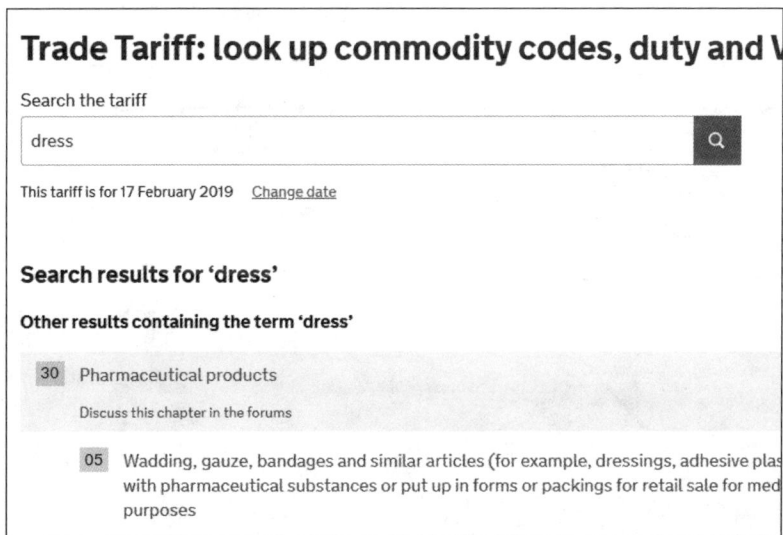

图 23.6　英国海关编码界面 2

以上是英国的方法，美国的就有点麻烦了，有可能会被加征 25% 的进口关税，这个是很高的。

打开美国的海关网址 https://hts.usitc.gov/，如图 23.7 所示。

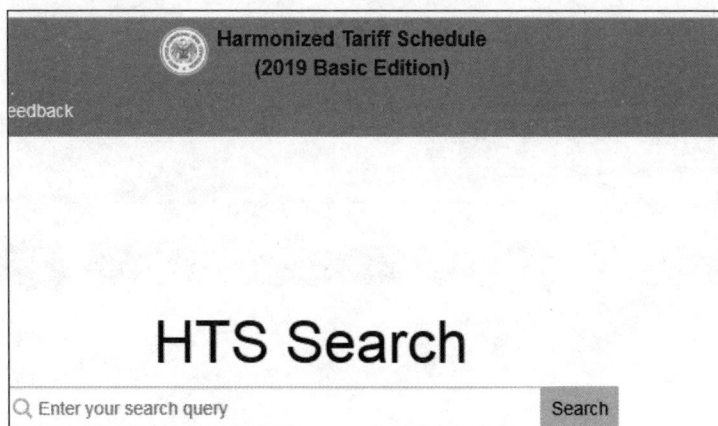

图 23.7 美国海关编码界面 1

输入对应的海关商品编码，如果见到税率后面有 / 的，就表示加征 25% 的关税了，这就不能用了，在不改变商品性质的前提下，换别的商品编码就可以了。如图 23.8 所示。

图 23.8 美国海关编码界面 2

以上是英国和美国的操作方法，每个国家的海关编码都有不同，我就不一一介绍了。反正这个是会计要懂的，特别是做出口的会计。

23.4 出口单证要齐全，不然影响出口退税

如果你是生产型企业，又用一达通做出口报关的话，只要提供报关单和发票就可以了。如果你是贸易型企业，又是自营出口的话，你的出口运输单据就要齐全了，否则会影响你的出口退税。

按照《2013 年第 12 号公告涉及外贸企业出口退税申报要求》，出口企业应在申报出口退（免）税后 15 日内，将所申报退（免）税货物的下列单证，按申报退（免）税的出口货物顺序，填写《出口货物备案单证目录》，注明备案单证存放地点，以备主管税务机关核查。

（1）外贸企业购货合同、生产企业收购非自产货物出口的购货合同，包括一笔购销合同下签订的补充合同等；

（2）出口货物装货单；

（3）出口货物运输单据（包括：海运提单、航空运单、铁路运单、司机纸、邮政收据等承运人出具的货物单据，以及出口企业承付运费的国内运输单证）。

一般来说，运输单据有四种形式：

海运提单是承运人或其代理人收到货物后签发给托运人的，允诺将该批货物运至指定目的港交付给收货人的一张书面凭证。每份正本提单的效力是同等的，只要其中一份凭证提货，其他各份立即失效。它是国际运输中十分重要的单据，也是买卖双方货物交接、货款结算最基本的单据。

航空运单是托运人和承运人之间就航空运输货物运输所订立的运输契约，是承运人出具的货物收据，不是货物所有权的凭证，不能转让流通。

铁路运单是铁路部门与货主之间缔结的运输契约，不代表货物所有权，不能流通转让，不能凭以提取货物；其中的"货物交付单"随同货物至到站，

并留存到达站；其中的"运单正本""货物到达通知单"联次随同货物至到站，和货物一同交给收货人；该单上面载有出口合同号。

司机纸是托运人和承运人之间订立的运输契约，是我国内地运往港澳地区货物所使用的一种运输单据，是承运人出具的货物收据，上面载有出口发票号、出口合同号；其中的"收货人签收"由收货人在提货时签收，表明已收到货物。

邮政收据是货物收据，是收件人凭以提取邮件的凭证。

另外，会计做账的时候，其会计分录如下：

（1）发出商品。

小企业应在小企业会计准则所附会计科目的基础上增设"1406 发出商品"会计科目，核算小企业未满足收入确认条件但已发出商品的实际成本或售价。

对于未满足收入确认条件的发出商品，应按发出商品的实际成本或售价。

借：发出商品

　　贷：库存商品

（2）暂估入账。

购入的商品已经到达并已验收入库，尚未收到发票账单的，按暂估价值入账，下月初作相反的会计分录予以冲回。

借：库存商品

　　贷：应付账款——暂估应付款

题外话：很多人聊到现代航运服务多数是货轮、航线之类的，很少会聊到集装箱。毕竟又不是什么高大上的东西，但其实本人觉得，真正的现代航运服务应该是从集装箱的发明开始。因为有了集装箱，航运的成本和入港的时间大为缩小，不然的话，单单就卸货这件事都要排到一个月后了。

集装箱的发明很早就有了，毕竟和铁路的车厢差不多，但集装箱走上航运却是第二次世界大战之时，毕竟在港口多待一分钟，后面的船就多一分危险，德国的潜艇可不会因为你是货船就放过你的。很早之前，船只的装卸是从火车上卸货下来开始，桶装、麻袋和木箱中的单个货物的装卸然后再一个接着一个吊上船舱，既缓慢又烦琐。到达目的港之后，又重复做一次这样的操作。在集装箱运输业出现之前，这个方法足足用了 100 多年。后来"二战"时期，美国海军征集了 20 英尺的铁箱，这的确提高了效率。"二战"结束后，欧洲重建计划开始，有美国商人用货车的车厢代替了原来的铁箱，装卸的效率又得到了提高，而且运输更简单快捷。在同一个集装箱装有相同的货物，运输过程可以在船舶、卡车和火车之间无缝移动。大大简化了整个运输过程，最终，实施这一想法带来了未来国际航运贸易的革命。

而现在，世界十大集装箱海港中，不算香港的话，有 6 个位于我国内地，上海港的吞吐量是世界第一，而在 2018 年，宁波舟山港取代了上海港，成为世界第一，上海港位居第二。其后，深圳港赶超新加坡，后来居上，排行第三，也就是说，世界第一、第二、第三大港都在我国。如果计算世界前 50 个海港吞吐量排名，我国占了 15 个，美国占 5 个，英国 1 个，日本 1 个，韩国 1 个，由此可见，我国的海运是非常重要的。

23.5　附表

为方便大家查找，表 23.1 是欧盟的增值税和停车税明细。

表 23.1　欧盟成员国适用增值税税率明细

成员国	码	精简税率	标准税率	停车税
比利时	SI	—	21%	12%
保加利亚	BG	—	20%	—
捷克共和国	CZ	—	21%	—
丹麦	DK	—	25%	—
德国	DE	—	19%	—

续上表

成员国	码	精简税率	标准税率	停车税
爱沙尼亚	EE	—	20%	—
爱尔兰	IE	4.8%	23%	13.5%
希腊	EL	—	24%	—
西班牙	ES	4%	21%	—
法国	FR	2.1%	20%	—
克罗地亚	HR	—	25%	—
意大利	TA	4%	22%	—
塞浦路斯	CY	—	19%	—
拉脱维亚	LV	—	21%	—
立陶宛	LT	—	21%	—
卢森堡	LU	3%	17%	14%
匈牙利	HU	—	27%	—
马耳他	T	—	18%	—
荷兰	NL	—	21%	—
奥地利	ZI	—	20%	13%
波兰	PL	—	23%	—
葡萄牙	PT	—	23%	13%
罗马尼亚	RO	—	19%	—
斯洛文尼亚	SI	—	22%	—
斯洛伐克	SK	—	20%	—
芬兰	FI	—	24%	—
瑞典	SE	—	25%	—

其中欧盟某些成员国停车税的明细：

1. 比利时

12%的停车税适用于：

（1）某些能源产品如：

• 从煤得到的黑色的煤，褐煤及固体燃料；

• 褐煤和附聚的褐煤（除喷射）；

• 焦炭和半焦炭煤，褐煤和泥炭；

• 用作燃料未烧焦石油焦炭。

（2）某些轮胎和农业拖拉机和机械内胎，不含轮胎和林业拖拉机和徒步控制拖拉机内胎。

2. 爱尔兰

13.5%的停车税适用于：

（1）燃料用于发电和供热，煤，泥炭，木材，电，气（用于加热和照明，不包括自动LPG），加热油。

（2）住宅物业。

（3）与非住宅物业建筑服务，包括安装在那里的材料是不是服务价值的显著部分。

（4）非住宅物业的日常清洁。

（5）混凝土和混凝土块。

（6）导游服务。

（7）短期（小于 5 周）租用：

• 汽车专为道路的人的搬运；

• 船舶，渔船和其他船只不超过 15 个乘员乘客；

• 运动和游艇，游艇包括，客舱巡洋舰，橡皮艇，独木舟，快艇和赛车船；

• 大篷车，移动房屋，帐篷和拖车帐篷。

（8）维修包括汽车、其他车辆、船只和飞机的维修。

（9）健康工作室的服务。

（10）骑师服务。

（11）摄影服务，包括摄影照片。

（12）汽车的驱动指令。

（13）兽医服务。

（14）人工授精服务和销售家畜精液。

（15）艺术品和古董。

3．卢森堡

14% 的停车税适用于：

（1）葡萄酒用 13%（体积）新鲜葡萄。或更小（强化葡萄酒，起泡葡萄酒和所谓的利口酒除外）。

（2）燃料：固体矿物燃料，矿物油和木材打算用作燃料，除木材用于加热的（柴）。

（3）洗涤和清洁产品。

（4）印刷广告材料，商品目录等；旅游出版物。

（5）供热、热空调的供应。

（6）管理和证券的保管；信贷和信用担保的管理授予的信用以外的个人或组织。

4．奥地利

13% 的停车税适用于：农业生产用的葡萄和葡萄酒。

5．葡萄牙

13% 的停车税适用于：

（1）葡萄酒。

（2）农业工具及用具，移动筒仓，拖拉机，水泵等机械（专门或主要设计用于农业，畜牧业和林业的目的）。

（3）用于农业的柴油。

读 者 意 见 反 馈 表

亲爱的读者：

感谢您对中国铁道出版社有限公司的支持，您的建议是我们不断改进工作的信息来源，您的需求是我们不断开拓创新的基础。为了更好地服务读者，出版更多的精品图书，希望您能在百忙之中抽出时间填写这份意见反馈表发给我们。随书纸制表格请在填好后剪下寄到：北京市西城区右安门西街8号中国铁道出版社有限公司人众出版中心 王佩 收（邮编：100054）。此外，读者也可以直接通过电子邮件把意见反馈给我们，E-mail地址是：505733396@qq.com，我们将选出意见中肯的热心读者，赠送本社的其他图书作为奖励。同时，我们将充分考虑您的意见和建议，并尽可能地给您满意的答复。谢谢！

- -

所购书名：_____

个人资料：

姓名：_____ 性别：_____ 年龄：_____ 文化程度：_____

职业：_____ 电话：_____ E-mail：_____

通信地址：_____ 邮编：_____

- -

您是如何得知本书的：

□书店宣传 □网络宣传 □展会促销 □出版社图书目录 □老师指定 □杂志、报纸等的介绍 □别人推荐
□其他（请指明）_____

您从何处得到本书的：

□书店 □邮购 □商场、超市等卖场 □图书销售的网站 □培训学校 □其他

影响您购买本书的因素（可多选）：

□内容实用 □价格合理 □装帧设计精美 □带多媒体教学光盘 □优惠促销 □书评广告 □出版社知名度
□作者名气 □工作、生活和学习的需要 □其他

您对本书封面设计的满意程度：

□很满意 □比较满意 □一般 □不满意 □改进建议

您对本书的总体满意程度：

从文字的角度 □很满意 □比较满意 □一般 □不满意
从技术的角度 □很满意 □比较满意 □一般 □不满意

您希望书中图的比例是多少：

□少量的图片辅以大量的文字 □图文比例相当 □大量的图片辅以少量的文字

您希望本书的定价是多少：

本书最令您满意的是：

1.

2.

您在使用本书时遇到哪些困难：

1.

2.

您希望本书在哪些方面进行改进：

1.

2.

您需要购买哪些方面的图书？对我社现有图书有什么好的建议？

您更喜欢阅读哪些类型和层次的书籍（可多选）？

□入门类 □精通类 □综合类 □问答类 □图解类 □查询手册类 □实例教程类

您在学习计算机的过程中有什么困难？

您的其他要求：